新能源汽车检测与维修专业技能人才培养工学一体化课程教材

新能源汽车电器故障诊断与排除

陈李军　王　瑜/主　编
尹　铭　张世金　束建军/副主编
刘　卯/主　审

人民交通出版社
北　京

内 容 提 要

本书是新能源汽车检测与维修专业技能人才培养工学一体化课程教材之一。其主要内容包括新能源汽车灯光不亮故障诊断与排除、新能源汽车防盗系统工作异常故障诊断与排除、新能源汽车视听系统工作异常故障诊断与排除、新能源汽车辅助约束系统工作异常故障诊断与排除、新能源汽车车载网络无法通信故障诊断与排除。

本书可作为技工院校预备技师、中高级工层级新能源汽车检测与维修专业教材，可用作中高职新能源汽车技术专业教材，也可供新能源汽车维修人员及相关技术人员参考使用。

本教材配套数字资源，读者可免费扫码观看和在线学习；同时配有教学课件，教师可通过加入汽车技工研讨群(QQ:428147406)获取。

图书在版编目(CIP)数据

新能源汽车电器故障诊断与排除/陈李军，王瑜主编. —北京：人民交通出版社股份有限公司,2025.5.
ISBN 978-7-114-19903-5

Ⅰ. U469.707

中国国家版本馆 CIP 数据核字第 20244FM967 号

书　　名：	新能源汽车电器故障诊断与排除
著 作 者：	陈李军　王　瑜
责任编辑：	郭　跃
责任校对：	卢　弦
责任印制：	张　凯
出版发行：	人民交通出版社
地　　址：	(100011)北京市朝阳区安定门外外馆斜街 3 号
网　　址：	http://www.ccpcl.com.cn
销售电话：	(010)85285911
总 经 销：	人民交通出版社发行部
经　　销：	各地新华书店
印　　刷：	北京印匠彩色印刷有限公司
开　　本：	787×1092　1/16
印　　张：	16.25
字　　数：	331 千
版　　次：	2025 年 5 月　第 1 版
印　　次：	2025 年 5 月　第 1 次印刷
书　　号：	ISBN 978-7-114-19903-5
定　　价：	48.00 元

(有印刷、装订质量问题的图书，由本社负责调换)

编审委员会名单

主任委员 文爱民

副主任委员 戴良鸿　沐俊杰　魏垂浩

委　　　员（按照姓氏笔画排序）

广禹春　王玉彪　王　杰　王　瑜　王　雷
毛红孙　朱建勇　刘　卯　刘　宇　刘轩帆
刘　健　刘爱志　刘海峰　汤　彬　许云珍
杨雪茹　李长灏　李永富　李学友　李　轶
肖应刚　吴　飞　张　薇　陈志强　陈李军
陈金伟　陈新权　孟　磊　郝庆民　姚秀驰
夏宝山　晏和坤　高窦平　郭志勇　郭　锐
郭碧宝　唐启贵　黄　华　黄辉镀　彭红梅
彭钰超　解国林　樊永强　樊海林

前言
Preface

为进一步贯彻落实《关于深化技工院校改革 大力发展技工教育的意见》和《技工教育"十四五"规划》《推进技工院校工学一体化技能人才培养模式实施方案》等文件精神,对接汽车产业发展新趋势,满足新能源汽车领域高质量发展对高素质技术技能人才的需求,人民交通出版社特组织江苏汽车技师学院、广西交通技师学院、贵州交通技师学院、杭州技师学院、浙江交通技师学院、江苏省交通技师学院、广西工业技师学院、北京汽车技师学院、日照市技师学院等20余所院校,共同编写了新能源汽车检测与维修专业技能人才培养工学一体化课程教材。

工学一体化培养模式是依据国家职业技能标准及技能人才培养标准,以综合职业能力培养为目标,将工作过程和学习过程融为一体,培育德技并修、技艺精湛的技能劳动者和能工巧匠的人才培养方式。本套教材秉承上述理念,落实《技工院校教材管理工作实施细则》,遵循知识和技能并重的改革方向,根据技工教育的特点以及技工院校学生的学习情况进行编写,具有以下特点:

(1)教材编写依据最新发布的《新能源汽车检测与维修专业国家技能人才培养工学一体化课程标准》,贯彻以学生为中心、以能力为本位的教学理念,构建难度适当的理论知识体系,以学生的实操内容及职业素养培养为核心,围绕典型学习任务设计教材任务、活动,突出知识的实用性、综合性和先进性,充分实现思想政治教育、知识传授、技能培养融合统一,持续推动技工院校内涵发展和特色发展。

(2)在教材中融入了丰富的课程思政元素及党的二十大精神内容,选取国产汽车品牌进行详解,培养学生的国产品牌意识,增强民族自信,体现"培根铸魂,启智润心"教育目标,实现思想政治教育与技术技能培养的有机结合。

(3)教材编写过程中充分吸纳行业、企业专家,深入了解目前行业、企业对本专业人才的实际需求,由相关企业提供部分配套的教学资源和技术支持,使行业、企业人员真正深度参与教材编写与开发。进一步提高技能人才培养质量,帮助学生实现从学校学习到就业工作的紧密衔接。

(4)教材配备了丰富的教学资源(纸数融合),教材的知识点以二维码链接动画、视频资源,所有教材配有课件、习题及答案等,满足学生个性化学习的需求,提升教材使用体验感。

本书围绕新能源汽车电器系统故障诊断与排除进行编写,选取大众ID.4作为实训车型,讲解新能源汽车电器系统各组成部分结构、工作原理、电路分析及检修方法。课程内容更贴近实际操作,使学生易于理解和记忆。本书分为新能源汽车灯光不亮故障诊断与排除、新能源汽车防盗系统工作异常故障诊断与排除、新能源汽车视听系统工作异常故障诊断与排除、新能源汽车辅助约束系统工作异常故障诊断与排除、新能源汽车车载网络无法通信故障诊断与排除五个学习任务。教学内容源于新能源汽车电器故障诊断与排除中的典型工作任务,紧贴实际工作岗位的具体要求。本书融合了新能源汽车电器故障诊断与排除的相关知识点和技能点,按照"资讯、计划、决策、实施、检查和评估"六步法,实现让学生在"学中做、做中学",以工学一体化教学模式,全面培养学生的职业核心能力和职业素养。

本书由江苏省交通技师学院陈李军、王瑜担任主编,由江苏汽车技师学院尹铭、江苏省常州技师学院张世金、丹阳市技工学校束建军担任副主编。参编人员有江苏省交通技师学院吴飞、赵延科、潘维国、王辰、魏晓康,浙江交通技师学院郝庆民、陈新权,江苏省常州技师学院张风密,江苏省镇江技师学院徐继勇,江苏省金坛中等专业学校陈云东。具体分工为:学习任务一由陈李军、张风密、郝庆民共同编写;学习任务二由王瑜、徐继勇、陈新权共同编写;学习任务三由束建军、陈云东、吴飞共同编写;学习任务四由尹铭、赵延科、魏晓康共同编写;学习任务五由陈李军、潘维国、王辰共同编写。陈李军对全书进行了统稿。

本书在编写过程中借鉴和参考了大量国内外的汽车技术资料、维修资料和相关书籍,在此向维修资料的作者及编者深表感谢!由于编者水平有限,编写时间仓促,书中难免有错误和疏漏之处,恳请读者指正。

编 者
2024年11月

目录
Contents

学习任务一　新能源汽车灯光不亮故障诊断与排除 ·················· 1
  学习活动 1　新能源汽车前照灯不亮故障诊断与排除················· 2
  学习活动 2　新能源汽车转向灯不亮故障诊断与排除················· 24
  学习活动 3　新能源汽车雾灯不亮故障诊断与排除·················· 39
  学习活动 4　新能源汽车仪表灯不亮故障诊断与排除················· 55

学习任务二　新能源汽车防盗系统工作异常故障诊断与排除 ············ 75
  学习活动 1　新能源汽车智能钥匙系统故障诊断与排除················ 76
  学习活动 2　新能源汽车中控门锁系统故障诊断与排除················ 97

学习任务三　新能源汽车视听系统工作异常故障诊断与排除 ············ 120
  学习活动 1　新能源汽车倒车影像系统故障诊断与排除················ 121
  学习活动 2　新能源汽车音响系统故障诊断与排除·················· 139

学习任务四　新能源汽车辅助约束系统工作异常故障诊断与排除 ·········· 159
  学习活动 1　新能源汽车安全气囊警告灯常亮故障诊断与排除············· 160
  学习活动 2　新能源汽车安全带警告灯常亮故障诊断与排除·············· 183

学习任务五　新能源汽车车载网络无法通信故障诊断与排除 ············ 203
  学习活动 1　新能源汽车 CAN 线系统无法通信故障诊断与排除············ 204
  学习活动 2　新能源汽车 LIN 线系统无法通信故障诊断与排除············ 228

本教材配套数字资源列表 ································ 248

参考文献 ·· 249

学习任务一
新能源汽车灯光不亮故障诊断与排除

学习目标

知识目标

1. 能阅读维修工单,根据班组长的描述及灯光系统(包括前照灯、转向灯、雾灯和仪表灯)基本检查操作确认故障现象,填写车辆信息和故障信息。

2. 能查阅维修手册,分析新能源汽车灯光系统电气结构及工作原理,结合故障现象,分析故障原因,制订检修方案。

3. 能根据检测结果及故障原因分析,确定灯光系统维修项目,并征得班组长的同意。

4. 能根据维修方案,参照维修手册,按照电气维修规范使用万用表等检测工具,对灯光系统部件进行检测,完成灯光系统检修任务,恢复灯光系统功能。维修作业遵守汽车厂家操作规定、安全生产制度、环保管理制度及"8S"管理规定,养成良好的职业规则意识。

5. 能根据灯光系统运行性能要求对维修结果进行自检并记录结果和维修维护建议等信息,交给班组长检验。

6. 能撰写灯光系统维修技术总结,包括撰写故障现象、原因分析、排除方法,总结维修过程中经验和不足,并提出改进性建议。

技能目标

1. 具备正确使用新能源汽车常用拆卸工具的能力。
2. 具备规范拆卸与安装新能源汽车灯光系统总成的能力。
3. 具备识读新能源汽车灯光系统的控制电路并画出其控制电路简图的能力。
4. 具备对新能源汽车灯光系统故障现象制订故障诊断方案的能力。
5. 具备撰写新能源汽车灯光系统维修技术总结的能力。

素养目标

1. 提升抗压能力、抗挫能力。
2. 能够在工作过程中与小组其他成员合作、交流,养成团队合作意识,锻炼沟通能力。
3. 具备与本专业职业发展相适应的劳动素养、劳动技能。

4.履行道德准则和行为规范,具备社会责任感和社会参与意识。

建议学时

60 学时

学习活动

学习活动 1　新能源汽车前照灯不亮故障诊断与排除
学习活动 2　新能源汽车转向灯不亮故障诊断与排除
学习活动 3　新能源汽车雾灯不亮故障诊断与排除
学习活动 4　新能源汽车仪表灯不亮故障诊断与排除

学习活动 1　新能源汽车前照灯不亮故障诊断与排除

一　资讯

情境描述

一辆大众 ID.4 纯电动汽车进厂维修,客户(由教师或学生扮演)反映前照灯不亮,经确认故障现象后,需要对该故障进行诊断与排除。

学生接受大众 ID.4 纯电动汽车前照灯不亮故障诊断与排除任务后,与客户充分沟通,在规定时间内进行工作任务确认,生成环检问诊单;通过查阅维修手册,结合故障分析,编制前照灯不亮故障诊断任务实施方案,包括诊断步骤、时间及人员安排、所需工具、注意事项等;以独立或小组合作的方式,按照任务实施方案和作业流程,参照维修手册,准备工具、仪器设备、耗材物料,使用诊断设备和工具,对车辆前照灯的元件、控制线路及控制模块等实施数据检测、故障码读取、故障部位查找、故障点修复作业;自检合格后,填写任务工单并进行质量检验;同时,学生应在教师指导下总结任务实施过程,撰写任务实施指导书。学生在工作过程中要具有成本意识,遵守现场工作管理规范。

任务要求

请你根据任务情境描述,在规定的时间内,分别完成大众 ID.4 纯电动汽车前照灯不亮故障诊断与排除的方案编制和故障的基本检查实施:

(1)请列出需要和车主沟通的内容;

(2)请完成车辆的环车检查,填写好环检问诊单;

(3)请查阅该车型的维修手册,查看大众 ID.4 纯电动汽车前照灯的电路图,列出可能的故障原因,并说明理由;

(4)请根据情境描述的故障现象,查阅维修手册等资料,制订一份尽可能详细的汽车前照灯故障诊断与排除的解决方案,并全面而细致地说明采取此方案的理由;

(5)请查阅维修手册,对车辆前照灯进行基本检查;

(6)请列出在汽车前照灯基本检查过程中需要注意的事项。

任务分组

全班学生分成若干个学习小组,每小组 4~6 人。

班组长:负责任务布置,组员分工。

服务顾问:负责接待问诊,基本检查,故障现象确认。

配件管理员:负责耗材准备。

工具管理员:负责工具设备准备,维修资料查阅。

维修技师:负责实施维修操作。

车间主管:负责实施维修质量检验。

纯电动汽车灯光
系统组成

二 计划

知识链接

1. 汽车照明系统的组成

汽车照明系统由电源、照明装置和控制部分组成。照明装置包括外部灯、内部灯和工作照明灯,控制部分包括各种灯光开关、继电器等。

为获得最大照明度,提高工作可靠性,照明灯具配备了灯光开关、变光开关、雾灯开关,现代汽车还加装了后尾灯继电器、前照灯继电器、雾灯继电器。照明灯均采用并联电路,在每个灯具支路上还安装了熔断式保险器,以确保某支路出现故障时,不会影响其他支路电器的工作。

由于汽车前照灯的照明效果直接影响着夜间交通安全,世界各国都以法律形式规定汽车前照灯的照明标准,以确保夜间行车安全。其基本要求如下:

(1)应能保证车前明亮而均匀的照明,保证驾驶员能看清车前 100 m 内路面上的障碍物。随着汽车行驶速度的提高,对汽车前照灯的照明距离也相应要求越来越远,现代高速汽车对照明距离的要求已达到 200~400 m。

(2)应能防止眩目,以免夜间两车交会时,使对面来车驾驶员眩目而造成交通事故。

2. 汽车前照灯的组成

前照灯由反射镜、配光镜和灯泡三部分组成。

(1) 反射镜。

反射镜的作用是最大限度地将灯泡发出的光线聚合成强光束,以增加照射距离。它一般呈抛物面状,内表面镀铬、铝或银,然后抛光,目前多采用真空镀铝。灯丝位于反射镜的焦点处,其大部分光线经反射后,成为平行光束射向远方,其距离可达 150 m 或更远,如图 1-1 所示。

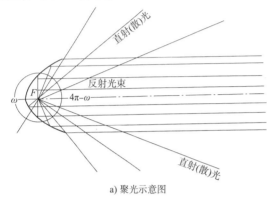

a) 聚光示意图　　　　　　　　b) 实物

图 1-1　反射镜

(2) 配光镜。

配光镜又称为散光玻璃,装于反射镜之前,可将反射镜反射出的平行光束进行折射,使路段的照明更加均匀。配光镜是由透明玻璃压制而成的棱镜和透镜的组合体,外形一般为圆形或矩形,如图 1-2 所示。

(3) 灯泡。

汽车的前照灯灯泡一般有卤素灯、氙气灯、发光二极管(LED)、激光灯等类型。如图 1-3 所示。

图 1-2　配光镜

图 1-3　前照灯灯泡类型

①卤素灯。

白炽灯的发光原理就是给灯丝导通足够的电流,当灯丝发热至白炽状态就会发出光亮。但是白炽灯寿命短。所以人们就往灯泡内注入卤素气体,形成卤素灯。卤素灯通电后,灯丝发热,高温下,钨丝升华,与卤素进行化学作用,冷却后的钨会重新凝固在钨丝上,形成平衡的循环,避免钨丝过早断裂,故卤素灯比白炽灯更长寿,而这种寿命长的卤素灯就被用在车辆前照灯上了,如图1-4所示。

图1-4 卤素灯

优点:卤素灯成本低廉,结构也相对简单,且亮度容易调整和控制,在能见度很差的时候反而穿透力更强,照明效果也会更好。

缺点:卤素灯效率不高,发热量大,且色温比起氙气灯要低一些,所以人的直观感受是卤素灯比起氙气灯和LED要暗一些,此外卤素灯的寿命也相对较短。

②氙气灯。

氙气灯指内部充满包括氙气在内的惰性气体混合体,通过高压击穿氙气,从而导致氙气在两个电极之间形成电弧并发光的灯,如图1-5所示。

优点:氙气灯内部没有钨丝,所以寿命较长,寿命比传统卤素灯长10倍,亮度是传统卤素灯的3倍。

缺点:氙气灯的灯光一般都是白色甚至是偏蓝色的,虽然亮度足够,但由于黄光的穿透力要比白光和蓝光更好,所以氙气灯在雨雾环境下穿透力不及传统卤素灯。

③发光二极管(LED)。

随着技术的更新,LED被应用在车辆的灯光上,LED车灯的结构很紧凑,如图1-6所示。

图1-5 氙气车灯

图1-6 LED车灯

优点:LED发光效率高,是荧光灯的2倍,在汽车上,LED的能耗仅为卤素灯的1/20。目前汽车上的LED寿命基本都能达到50 000 h,而氙气灯寿命仅为3 000 h左右。LED元件结构较为简单,抗震、抗冲击性能都比较好,能适应多种环境。LED元件体积较小而紧凑,这样便于布置以及造型设计,能很好满足对前照灯的造型要求。LED的点亮是微秒级别的,用于车上光源能实现更快的响应提示。LED亮度较高,光纤亮度衰减远慢于卤素灯。LED单元使用低压直流电即可驱动,负载小。

图1-7 激光车灯

缺点：LED最大的缺点就是工作时发热量很大，因此发光效率也会受高温影响，所以一般都会配有散热器，这也间接造成了成本高的弊端。

④激光灯。

激光灯的核心是激光二极管，其由激光发出光亮，然后通过透镜控制光束方向，如图1-7所示。

激光灯拥有LED大部分优点，并且亮度比LED要高，此外，单个激光灯元件要比LED元件小很多，仅为常规LED元件尺寸的1/100。

3. 汽车前照灯的分类

按前照灯光学组件的结构不同，其可分为可拆式前照灯、半封闭式前照灯、封闭式前照灯和投射式前照灯。

（1）可拆式前照灯：可拆式前照灯由反射镜和配光镜分别安装而构成组件，因此气密性差，反射镜易受湿气和尘埃污染而降低反射能力，严重降低照明效果，目前已很少采用。

（2）半封闭式前照灯：半封闭式前照灯的结构如图1-8所示，其配光镜靠卷曲反射镜边缘上的牙齿而紧固在反射镜上，二者之间垫有橡皮密封圈，灯泡只能从反射镜后端装入。当需要更换损坏的配光镜时，应撬开反射镜边缘上的牙齿，安上新的配光镜后，再将牙齿复原。由于这种灯具减少了外界环境对光学组件的影响，维修方便，因此得到广泛使用。

（3）封闭式前照灯：封闭式前照灯又叫真空灯，其反射镜和配光镜用玻璃制成一体，形成灯泡，里面充以惰性气体。灯丝焊在反射镜底座上，反射镜的反射面经真空镀铝，其结构如图1-9所示。

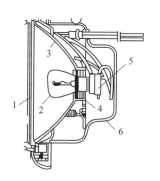

图1-8 半封闭式前照灯
1-配光镜；2-灯泡；3-反射镜；4-插座；
5-接线器；6-灯壳

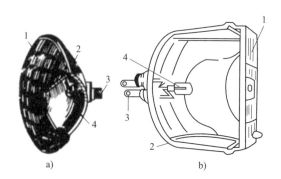

图1-9 封闭式前照灯
1-配光镜；2-反射镜；3-镜头；4-灯丝

由于封闭式前照灯完全避免反射镜被污染以及遭受大气的影响，因此其反射效率高，照明效果好，寿命长，很快得到了普及。但当灯丝烧断后，需要更换整个总成，成本高,因此它的使用范围受到了限制。

(4) 投射式前照灯:如图 1-10 所示,投射式前照灯的反射镜近似于椭圆形,它具有两个焦点。第一焦点处放置灯泡,第二焦点是由光线形成的,凸形配光镜聚成第二焦点,再通过凸形配光镜投射到前方。投射式前照灯所采用的灯泡为卤素灯。

第二焦点附近设有遮光板,可遮挡上半部分光,形成明暗分明的配光。由于它的这种配光特性,因此也可用于雾灯。

4. 汽车前照灯的防眩目措施

(1) 采用双丝灯泡:远光灯丝,功率 45～60 W,位于反射镜焦点位置。近光灯丝,功率 22～55 W,位于反射镜焦点的上方或前方并稍向右偏斜。如图 1-11 所示,在夜间行车时,若有迎面来车,使用近光灯丝,使光束倾向路面,从而避免迎面车辆驾驶员眩目,并将车前 50 m 的范围内路面也照得十分清楚。当无迎面车时,则使用远光灯丝,使前照灯光束射向远方,便于提高车速。

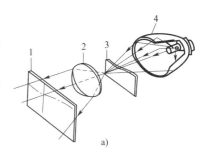
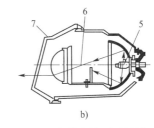

图 1-10 投射式前照灯的结构
1-屏幕;2-凸形配光镜;3-遮光板;4-椭圆反射镜;5-第一焦点(F1);6-第二焦点(F2);7-总成

(2) 采用带遮光罩的双丝灯泡:通过配光屏(遮光罩、护罩、光束偏转器),能将近光灯丝下部分的光线完全遮住,消除了向上的反射光线,提高防眩目效果,如图 1-12 所示。

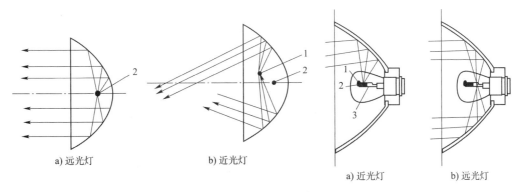

图 1-11 双丝灯泡的远、近光束
1-近光灯丝;2-远光灯丝

图 1-12 带遮光罩的前照灯灯泡
1-近光灯丝;2-遮光罩;3-远光灯丝

(3) 采用非对称光形:①采用 E 形非对称型配光,将近光灯右侧亮区倾斜升高 15°,即将本车行进方向光束照射距离延长,如图 1-13b)所示。②采用 Z 形非对称近光灯形,该光形能使本车行进方向亮区平行升高,光形效果更加优越,如图 1-13c)所示。

(4) 采用前照灯自动变光器:汽车前照灯自动变光器是一种根据对方车辆灯光的

亮度自动变远光为近光或变近光为远光的自动控制装置。它的优点是实现了自动控制，不需要驾驶员操纵，而且它的体积小，性能稳定可靠，灵敏度高。

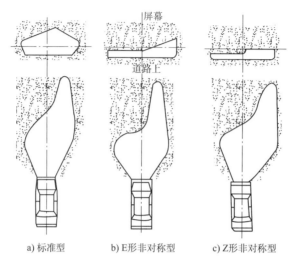

图1-13 前照灯的配光形式

5. 大众ID.4前照灯系统结构及原理认知

1）大众ID.4前照灯组成

大众ID.4配备的IQ.Light智能前照灯，由两侧的箭头前照灯组和穿过正面的LED灯条组成。两侧前照灯的设计灵感来自人眼，主灯周围有一个平面发光环，如图1-14所示，由11个独立的LED组成，支持每个LED独立开启调节，通过智能模块实现智能远光灯功能，不会让远光灯在照亮前方的同时让其他车辆驾驶员眩目。

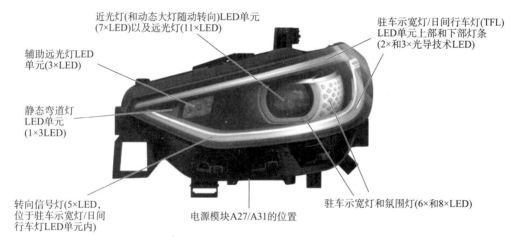

图1-14 大众ID.4前照灯结构

2）大众ID.4 LED前照灯矩阵模块结构

前照灯矩阵模块由透镜、散热器、风扇、前照灯照明距离调节伺服电机、可变前照灯伺服电机等组成，如图1-15所示。

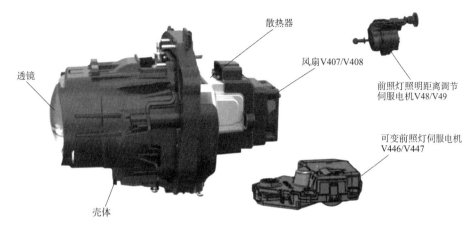

图1-15 大众ID.4前照灯矩阵模块结构

3）大众ID.4道路照明功能

在功能层面，大众ID.4的全天候自适应前照灯可以做到依据车速及转向传感器的信息，自动调节灯光高度、宽度以及前照灯照射的光型，实现最合适的照明视野，包括：城镇模式（0～30 km/h）、经典模式（30～110 km/h）、高速模式（110 km/h以上）。根据车速和场景改变近光模式无疑为夜间行车安全带来有力的保障，如图1-16所示。

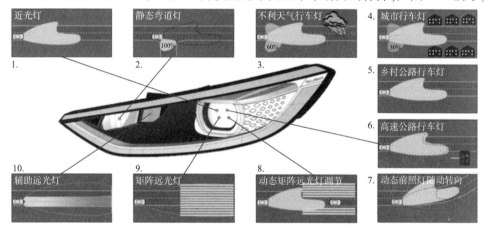

图1-16 大众ID.4道路照明功能

（1）城镇道路下的低速近光：此时驾驶员需要更宽阔的视野，因此系统会稍稍调近照射距离，内侧透镜模组调整至低角度，提供基础的近光照明。同时点亮ADB（自适应远光灯）模组中的外侧LED，增加照射光的宽度，用来看清侧面突然出现的行人或物体。

（2）高速近光模式：大众ID.4还具备MDFS可变远光功能，采用视觉识别技术通过前风窗玻璃上的摄像头，可以实时判断前方或对向车辆的相对位置。搭配矩阵式前照灯可以在打开远光灯的情况下自动把前方或对向来车对应的区域灯光熄灭，不对前车或来车驾驶员造成眩光。

（3）转向辅助灯：当车速达到70 km/h以上，且环境光线不足时，大众ID.4的矩阵式前照灯会自动触发远光效果，由摄像头来采集环境信息，识别并标记前方车辆的头灯和尾灯,通过关闭或者调暗各个LED光源来改变光的分配,规避这些目标,实现分区块的照明效果,有助于规避前方的行人和车辆。

(4)对向车辆远光避让:当对向车辆开启远光时,车内驾驶员的前方视野基本被灯光所遮挡,由此产生的行车安全问题显而易见,而大众ID.4搭载的矩阵式LED前照灯能够有效地避免对向车辆驾驶员眩目,使交通参与者行车时更加舒心。

(5)对向来车时远光避让:传统的机械式转向头灯通过采集车速、方向盘转角等信息,计算出头灯照射的偏移角,并通过伺服电机实现单向偏转,很明显这个调整有一定的时间延迟,而且就像手电筒那样,往左偏,右边就照不到了。

(6)前照灯随动转向功能:大众ID.4 CROZZ有效地解决了这一问题。当方向盘产生转向信号时,矩阵式前照灯可以实时增加对应方向LED灯的亮度,以便提前照亮"未到达"的区域,提供全方位的安全照明,可以确保驾驶员在任何时刻都拥有最佳的道路可见度。

4)大众ID.4前部车灯结构与布线

如图1-17所示,左前照灯MX1组成结构如下:A31(左侧LED前照灯模块化电源1)、L176(日间行车灯和驻车示宽灯左侧LED模块)、L377(日间行车灯左侧LED模块)、M5(左前转向信号灯灯泡)、M29(左侧近光灯灯泡)、M30(左侧远光灯灯泡)、M51(左侧静态弯道灯)等。右前照灯MX2组成结构如下:A27(右侧LED前照灯模块化电源1)、L177(日间行车灯和驻车示宽灯右侧LED模块)、L378(日间行车灯右侧LED模块)、M7(右前转向信号灯灯泡)、M31(右侧近光灯灯泡)、M32(右侧远光灯灯泡)、M52(右侧静态弯道灯)等。

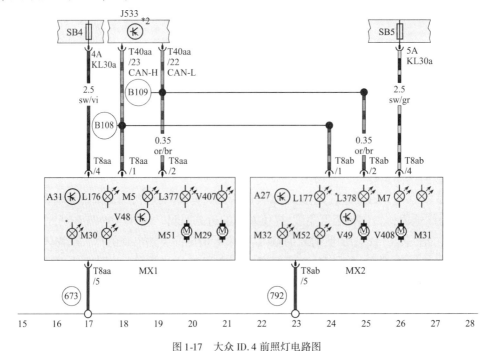

图1-17 大众ID.4前照灯电路图

J533-数据总线诊断接口;MX1-左前照灯;MX2-右前照灯

大众 ID.4 左、右两侧的前照灯 MX1、MX2 电源分别由熔断丝架 B 上 4 号熔断丝和 5 号熔断丝提供,搭铁点分别位于左前纵梁上和右前轮罩内。照明控制单元 EX59 接收到指令,将信息传递给车载电网控制单元 J519,通过舒适 CAN(Controller Area Network,控制器局域网),信号传递给数据总线诊断接口 J533,由 CAN 控制前照灯工作状态,如图 1-18 所示。

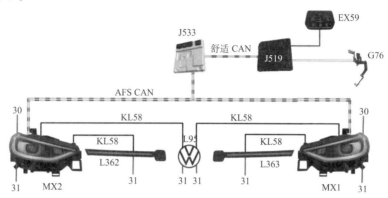

图 1-18 大众 ID.4 前照灯结构与布线

J519-车载电网控制单元;J533-数据总线诊断接口;EX59-照明控制单元;G76-左后汽车高度传感器;MX1-左前照灯;MX2-右前照灯

任务确认

1. 明确工作任务

(1)请认真阅读工作情境描述,用彩笔标记关键词,并用一句话总结你需要完成的任务及要求。

工作要求

(2)现需要与班组长进行沟通并确认车辆等相关信息,请你列出需要问的问题。

序号	问题
1	
2	
3	
4	
5	

2. 环车检查

(1) 车内检查项目。

登记续驶里程,检查是否有故障灯亮,检查点烟器等。检查各开关工作情况(降下四门玻璃、电动折叠后视镜)。检查刮水器及其各项功能,打开所有灯光(前照灯、雾灯及警报灯等)。检查天窗及其功能,检查两前化妆镜。检查手套箱(打开前务必询问用户是否方便,提醒用户保管好贵重物品)。检查室内是否有损伤(如座椅及顶棚灯)。

下车前将机舱盖打开。

(2) 车外观检查项目。

检查车外表有无损伤。检查四车轮(轮毂、轮胎、气嘴)。检查各灯光是否亮。

(3) 机舱检查项目。

检查插头、卡扣及固定胶等。

(4) 行李舱检查项目。

打开行李舱前务必询问用户是否方便打开,并提醒用户保管好贵重物品。检查随车工具及三角警示牌是否齐全。检查备胎是否正常。

(5) 上升举升机检查项目。

检查各球头、轮胎及制动踏板,检查底盘是否有泄漏刮伤。检查四个减震器及缓冲胶。

3. 故障现象确认

(1) 打开点火开关,观察组合仪表,发现前照灯警告灯点亮。

(2) 检查发现车辆灯光不亮,确认故障现象。

进一步确认故障现象为:_____。

4. 环检问诊单填写

请根据沟通内容、环车检查以及故障现象填写完成环检问诊单。

某店车辆环检问诊单					
是否预约　　是□　否□　　车牌号_____　　接车时间:　年　月　日　时　分					
基本信息	车主□ 送修人□	姓名		车型		购车日期	
		电话		备用电话		总里程	
		VIN 码				EV 里程	
顾客描述	维　护:	□首次维护	□强制维护	□一般维护	□常规维护
	发动机:	□难起动	□怠速不稳	□动力不足	□油耗高
		□易熄火	□抖动	□加速不良	
	异　响:	□发动机	□底盘	□行驶	□变速器
		□制动	□仪表台	□座椅或车门	
	灯　亮:	□发动机故障灯	□SVS 灯	□ABS 灯	□空气囊灯
		□机油压力报警灯	□胎压报警灯	□EPS 灯/REPS 灯	□ESP 灯

续上表

顾客描述		□充电系统灯 □动力蓄电池故障灯 空　调:□不制冷 漏　水:□冷却液 　　　　□后风窗玻璃 漏　油:□发动机 事　故:□保险事故整形油漆 具体描述(5W2H):	□动力系统故障灯 □发动机冷却液报警灯 □异响 □车身 □变速器 □局部整形补漆	□电机故障灯 □有异味 □天窗 □制动	□主警告指示灯 □电机冷却液报警灯 □出风冷热不均 □前风窗玻璃 □转向
物品确认 (有打√,无打×)	□备胎　□随车工具　□灭火器　□点烟器　□警示牌　□充电线 □其他_____				油量
环车检查	内饰检查□ 　 外观检查□ 检查结果:良好打√　异常打×				电量 ___%
服务顾问提醒	1. 维修旧件(非索赔件)处理:□顾客要求带走　□顾客选择不带走 2. 维修后洗车:　　　□洗车　　　　□不洗车 3. 维修后充电:　　　□充电　　　　□不充电 　　　　　　　　　□预估充电用时_____ 4. 已提醒您将车内贵重物品带离车辆并妥善保管。□已确认				
	服务顾问		顾客签字		
服务/技术顾问 初步建议	签名:				
维修班组 诊断结果	维修项目	所需备件		备件确认	索赔确认
				□有□无	□是□否
				□有□无	□是□否
				□有□无	□是□否

三　决策

故障信息

(1) 连接故障诊断仪 VW VAS 6150E,按下一键启动开关,打开故障诊断仪,进入数据总线诊断接口,读取并记录相关故障码与数据流(本次活动决策和实施部分以左前照灯故障为例)。车辆下电后清除故障码,车辆再次上电后,使用故障诊断仪再次读

新能源汽车电器故障诊断与排除

取故障码并和之前的故障码进行对比,分析故障码的性质。

故障码	故障含义
U11700	左侧 LED 前照灯模块化电源,无通信
数据流	数据流相应参数

(2)查阅维修手册或维修资料,并在下方图框处画出大众 ID.4 左前照灯系统的电路图(有故障部分)。

(3)根据电路图分析大众 ID.4 左前照灯系统的故障原因,讨论并完成下面的故障分析图(思维导图)。

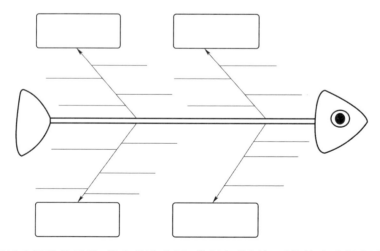

(4)通过查阅维修手册,结合故障分析,编制左前照灯系统故障诊断实施方案。

诊断步骤

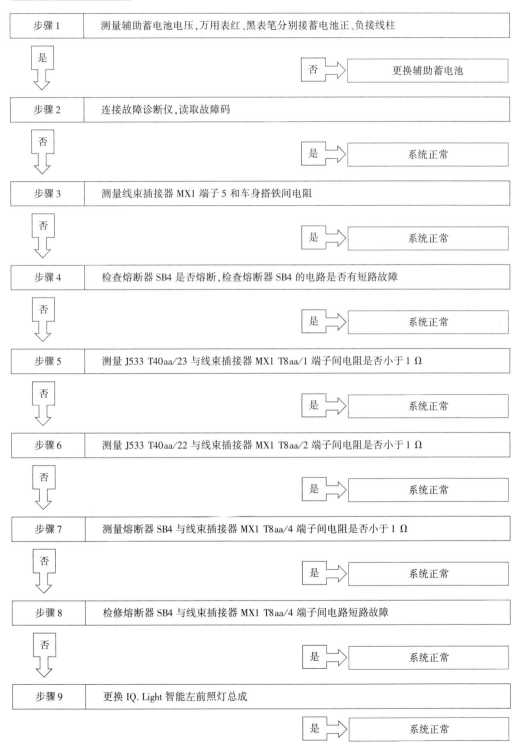

新能源汽车电器故障诊断与排除

(1) 确认左前照灯是否正常工作。
(2) 确认修理完成。

人员安排 》》》

请小组商量后,决定每个小组成员的角色及任务分工。

班级		组号		指导教师	
组长		角色及任务分工			
组员1		角色及任务分工			
组员2		角色及任务分工			
组员3		角色及任务分工			
组员4		角色及任务分工			
组员5		角色及任务分工			

工具准备 》》》

请根据相应的故障诊断需求,列出所需的工具设备清单。

序号	工具及材料名称	单位	数量	备注
1	汽车防护套装(车内和车外)	套		
2	常用维修工具(视车型而定)	套		
3	实训车辆	台		
4	解码仪(视车型而定)	个		
5	元件	套		

注意事项 》》》

请根据操作条件及故障诊断的需求,列举出各工序的注意事项。

序号	维修工序内容	注意事项
1	查阅维修手册,读取故障信息,制订操作流程	
2	灯光线路检测	
3	元件、模块更换	
4	复检	

四、实施

序号	操作示意图	操作方法	备注
1		测量辅助蓄电池电压,万用表红、黑表笔分别接蓄电池正、负接线柱	电压标准值为11～14 V
2		连接故障诊断仪,读取故障码	确认故障信息

续上表

序号	操作示意图	操作方法	备注
3		操作起动开关,断开电源(位于 OFF 挡),断开辅助蓄电池的负极,断开线束插接器 MX1,测量线束插接器 MX1 端子 5 和车身搭铁间电阻	电阻应小于 1 Ω
4		检查熔断器 SB4 是否熔断,检查熔断器 SB4 的电路是否有短路故障	熔断器额定容量为 10 A
5		检查 J533 T40aa/23 与线束插接器 MX1 T8aa/1 端子间电路 测量 J533 T40aa/23 与线束插接器 MX1 T8aa/1 端子间电阻	电阻应小于 1 Ω

续上表

序号	操作示意图	操作方法	备注
6		检查 J533 T40aa/22 与线束插接器 MX1 T8aa/2 端子间电路 测量 J533 T40aa/22 与线束插接器 MX1 T8aa/2 端子间电阻	电阻应小于 1 Ω
7		检查熔断器 SB4 与线束插接器 MX1 T8aa/4 端子间电路 测量熔断器 SB4 与线束插接器 MX1 T8aa/4 端子间电阻	电阻应小于 1 Ω
8		检修熔断器 SB4 与线束插接器 MX1 T8aa/4 端子间电路短路故障	电阻应小于 1 Ω 确认左前照灯能够正常工作

五、检查

用故障诊断仪 VW VAS 6150E 读取故障码,根据诊断仪读出故障类型。
(1)关闭点火开关。
(2)将故障诊断仪连接到汽车故障诊断接口(U31)。
(3)按照诊断仪上的提示读出故障码(DTC)。
(4)清除故障码。
(5)再次读取故障码(根据是否依然存在故障码,在相应的横线上画√)。
是_____ 否_____
(6)验证前照灯是否正常工作。
(7)整理,恢复作业场地。

六、评估

活动总结

(一)请根据工作过程填写大众 ID.4 纯电动汽车前照灯不亮故障诊断与排除任务工单

前照灯不亮故障诊断与排除任务工单		班级:			
		姓名:			
1. 车辆信息记录					
品牌		整车型号		生产年月	
驱动电机型号		动力蓄电池电量		行驶里程	
车辆识别代号					
2. 作业场地准备					
是否设置隔离栏				□是 □否	
是否设置安全警示牌				□是 □否	
灭火器压力是否正常,灭火器是否在有效期内				□是 □否	
是否安装车辆挡块				□是 □否	

续上表

3.记录故障现象					

4.使用故障诊断仪读取故障码、数据流					
故障码					
数据流					

5.绘制相关电路图

6.故障检测				
检测对象	检测条件	检测值	标准值	结果判断

7.故障确认		
故障点	故障类型	维修措施

8.竣工检验		
前照灯是否正常工作	□是	□否
9.作业场地恢复		
是否拆卸车内三件套	□是	□否
是否拆卸翼子板布	□是	□否
是否将高压警示牌等放至原位置	□是	□否
是否清洁、整理场地	□是	□否

新能源汽车电器故障诊断与排除

（二）请根据工作过程撰写大众 ID.4 纯电动汽车前照灯不亮故障诊断与排除技术总结

大众 ID.4 纯电动汽车前照灯不亮故障诊断与排除技术总结
1. 故障现象
2. 故障原因
3. 故障基本检查过程
4. 经验和不足

活动评价

根据学习过程评价表进行自评、互评、教师评价。

前照灯不亮故障诊断与排除		实习日期：		
姓名：	班级：	学号：	教师签名：	
自评:□熟练 □不熟练	互评:□熟练 □不熟练	师评:□合格 □不合格		
日期：	日期：	日期：		
前照灯不亮故障诊断与排除【评分细则】							
序号	评分项	得分条件	得分	评分要求	自评	互评	师评
1	安全/8S/态度	□1）能进行工位 8S 操作 □2）能进行设备和工具安全检查 □3）能进行车辆安全防护操作 □4）能进行工具清洁、校准、存放操作 □5）能进行三不落地操作		满分 15 分，每未完成 1 项扣 3 分	□熟练 □不熟练	□熟练 □不熟练	□合格 □不合格

续上表

序号	评分项	得分条件	得分	评分要求	自评	互评	师评
2	专业技能能力	□1) 能正确地拆装近光灯灯泡 □2) 能正确地拆装前照灯线束插接器 □3) 能正确地拆装近光灯熔断器		满分50分，每未完成1项扣5分	□熟练 □不熟练	□熟练 □不熟练	□合格 □不合格
3	工具及设备的使用能力	□能正确地使用维修工具		满分10分，每未完成1项扣3分	□熟练 □不熟练	□熟练 □不熟练	□合格 □不合格
4	资料、信息查询能力	□1) 能正确地使用维修手册查询资料 □2) 能正确地记录所需维修信息		满分10分，每未完成1项扣3分	□熟练 □不熟练	□熟练 □不熟练	□合格 □不合格
5	数据判断和分析能力	□1) 能判断灯泡灯丝的好坏 □2) 能判断熔断器的好坏		满分10分，每未完成1项扣3分	□熟练 □不熟练	□熟练 □不熟练	□合格 □不合格
6	表单填写和报告撰写的能力	□1) 字迹清晰 □2) 语句通顺 □3) 无错别字 □4) 无涂改 □5) 无抄袭		满分5分，每未完成1项扣1分	□熟练 □不熟练	□熟练 □不熟练	□合格 □不合格

总分：

学习活动测评

一、填空题

1. 汽车前照灯一般由_____、_____、_____三部分组成。
2. 前照灯的光学系统包括_____、_____和_____三部分。
3. 前照灯按结构可分为_____、_____、_____和投射式前照灯四种。
4. 灯光开关的形式有_____、_____、_____三种。
5. 汽车灯光系统的常见故障有_____、_____、_____、_____等。

二、判断题

1. SB4熔断丝影响右前照灯的工作。（ ）
2. 前照灯光学系统主要由灯泡、反射镜和配光屏组成。（ ）

3. 前照灯中的氙气灯和卤素灯一样都有灯丝。　　　　　　　　(　　)
4. 前照灯架与车架搭铁不良,会直接导致前照灯不亮。　　　　(　　)
5. 前照灯一侧不亮,说明该侧灯泡损坏,与线路无关。　　　　　(　　)
6. 前照灯搭铁不良,会造成前照灯的远光和近光均暗淡。　　　(　　)

三、简答题

简述大众 ID.4 前照灯的工作原理。

_____

_____

学习活动 2　新能源汽车转向灯不亮故障诊断与排除

情境描述

一辆大众 ID.4 纯电动汽车进厂维修,客户(由教师或学生扮演)反映转向灯不亮,经确认故障现象后,需要对该故障进行诊断与排除。

学生接受大众 ID.4 纯电动汽车转向灯不亮故障诊断与排除任务后,与客户充分沟通,在规定时间内进行工作任务确认,生成环检问诊单;通过查阅维修手册,结合故障分析,编制转向灯不亮故障诊断任务实施方案,包括诊断步骤、时间及人员安排、所需工具、注意事项等;以独立或小组合作的方式,按照任务实施方案和作业流程,参照维修手册,准备工具、仪器设备、耗材物料,使用诊断设备和工具,对车辆前照灯的元件、控制线路及控制模块等实施数据检测、故障码读取、故障部位查找、故障点修复作业;自检合格后,填写任务工单并进行质量检验;同时,学生应在教师指导下总结任务实施过程,撰写任务实施指导书。学生在工作过程中要具有成本意识,遵守现场工作管理规范。

任务要求

请你根据任务情境描述,在规定的时间内,分别完成大众 ID.4 纯电动汽车转向灯不亮故障诊断与排除的方案编制和故障的基本检查实施:

(1)请列出需要和车主沟通的内容;

(2)请完成车辆的环车检查,填写好环检问诊单;

（3）请查阅该车型的维修手册,查看大众 ID.4 纯电动汽车转向灯的电路图,列出可能的故障原因,并说明理由;

（4）请根据情境描述的故障现象,查阅维修手册等资料,制订一份尽可能详细的汽车转向灯故障诊断与排除的解决方案,并全面细致地说明采取此方案的理由;

（5）请查阅维修手册,对车辆转向灯进行基本检查;

（6）请列出在汽车转向灯基本检查过程中需要注意的事项。

任务分组

全班学生分成若干个学习小组,每小组 4~6 人。

班组长:负责任务布置,组员分工。

服务顾问:负责接待问诊,基本检查,故障现象确认。

配件管理员:负责耗材准备。

工具管理员:负责工具设备准备,维修资料查阅。

维修技师:负责实施维修操作。

车间主管:负责实施维修质量检验。

二 计划

知识链接

1. 转向信号灯及危险警报装置

转向信号灯装于汽车前、后、左、右角,用于在汽车转弯时发出明暗交替的闪光信号,使前后车辆、行人、交警知道其行驶方向。行车过程中,转向信号灯除了发挥基本的提示转弯、并线功能外,有时也是驾驶人之间交流的信号。正确合理地运用转向信号灯,可以让人们在路上更加行动自如,同时也能减少不必要的误会。若汽车转向信号灯系统无法正常工作,将会给行车带来安全隐患。

转向信号灯系统由闪光继电器(简称闪光器)、转向灯开关、转向信号灯和转向指示灯等组成。当闭合危险报警开关时,所有转向信号灯同时闪烁,表示车辆遇紧急情况,请求其他车辆避让。根据国家标准《机动车运行安全技术条件》(GB 7258—2017)规定,危险报警装置不得受点火开关控制。转向信号灯一般安装在汽车前部、后部和中部左、右两侧,每车 4 只或 6 只,如图 1-19 所示。

图 1-19 大众 ID.4 转向信号灯

2. 转向信号灯的操作

在启用转向信号灯时,前、后转向信号灯和侧转向信号灯闪烁,发出转向信号。转向信号灯仅在电源模式处于"READY"状态时工作。转向信号灯由转向柱左侧的灯开关控制。往上或往下拨动操纵杆(超过止动点)将点亮前、后和侧转向信号灯。在转弯结束后,操纵杆返回水平位置,转向信号灯停止闪烁,如图1-20所示。

图1-20 转向信号灯操纵杆

准备变换车道时,需启用变换车道闪光功能,上拨或下拨操纵杆至阻力点,然后松开操纵杆,转向信号灯将闪烁三次。此时如立即将转向信号灯操纵杆沿反方向直接拨至阻力点后松开,即可提前退出变换车道闪光功能,转向信号灯停止闪烁。

当遥控防盗系统工作时,车载电网控制单元可以控制转向信号灯闪烁,表明遥控防盗系统的工作状态。

3. 转向信号灯的使用场景

转向信号灯的正确使用场景如下:

(1)进入高速公路时开启左转向信号灯。

(2)驶离高速公路时开启右转向信号灯。

(3)从辅路驶入主干道时开启左转向信号灯。

(4)从主干道驶入辅路开启右转向信号灯。

(5)进入环岛时不用打转向信号灯,驶离环岛时开启右转向信号灯。

(6)停车入位前向车位一侧开启转向信号灯。

4. 大众ID.4尾部灯光系统结构及原理认知

(1)大众ID.4尾部灯光系统结构。

大众ID.4尾部灯光系统包括尾灯、转向信号灯、倒车灯、制动灯等,如图1-21所示。

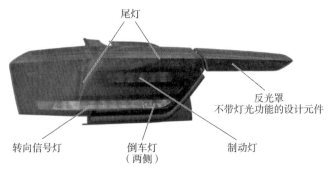

图1-21 大众ID.4尾部灯光系统结构

(2)大众ID.4尾部灯光系统布线。

如图1-22、图1-23所示,J519 T73c/31与左侧尾灯MX3 T8g/4尾灯相连接,J519 T73a/60与左侧尾灯MX3 T8g/8转向信号灯相连接,J519 T73a/71与左侧尾灯MX3

T8g/5 制动灯相连接,左侧尾灯 MX3 T8g/3 与接地端连接;J519 T73a/61 与右侧尾灯 MX3 T8i/4 尾灯相连接,J519 T73c/27 与右侧尾灯 MX3 T8i/8 转向信号灯相连接,J519 T73c/8 与右侧尾灯 MX3 T8i/5 制动灯相连接,右侧尾灯 MX3 T8i/3 与接地端连接。

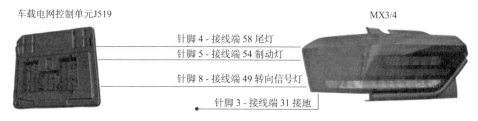

图 1-22　大众 ID.4 尾部灯光系统布线

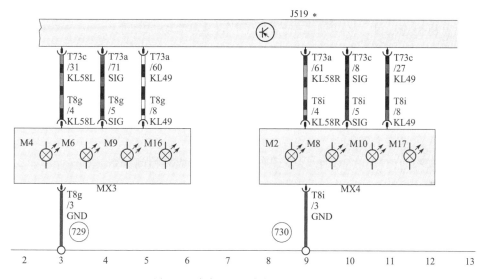

图 1-23　大众 ID.4 尾部灯光系统电路图
J519-车载电网控制单元;MX3-左侧尾灯;MX4-右侧尾灯

任务确认

1. 明确工作任务

（1）请认真阅读工作情境描述,用彩笔标记关键词,并用一句话总结你需要完成的任务及要求。

工作要求

（2）现需要与班组长进行沟通并确认车辆等相关信息，请你列出需要问的问题。

序号	问题
1	
2	
3	
4	
5	

2．环车检查

环车检查包括车内检查项目、车外观检查项目、机舱检查项目、行李舱检查项目和上升举升机检查项目，具体项目与本学习任务的学习活动1相同。

3．故障现象确认

（1）打开点火开关，观察组合仪表，发现车辆照明警告灯点亮。

（2）检查发现车辆灯光不亮，确认故障现象。

进一步确认故障现象为：_____。

4．环检问诊单填写

请根据沟通内容、故障现象以及环车检查填写完成环检问诊单。

某店车辆环检问诊单					
是否预约　是□　否□　车牌号_____　接车时间：　年　月　日　时　分					
基本信息	车主□　送修人□	姓名		车型		购车日期	
		电话		备用电话		总里程	
		VIN码				EV里程	
顾客描述	维　护：□首次维护　　□强制维护　　□一般维护　　□常规维护 发动机：□难起动　　　□怠速不稳　　□动力不足　　□油耗高 　　　　□易熄火　　　□抖动　　　　□加速不良 异　响：□发动机　　　□底盘　　　　□行驶　　　　□变速器 　　　　□制动　　　　□仪表台　　　□座椅或车门 灯　亮：□发动机故障灯　□SVS灯　　　□ABS灯　　　□空气囊灯 　　　　□机油压力报警灯　□胎压报警灯　□EPS灯/REPS灯　□ESP灯 　　　　□充电系统灯　□动力系统故障灯　□电机故障灯　□主警告指示灯 　　　　□动力蓄电池故障灯　□发动机冷却液报警灯　□电机冷却液报警灯 空　调：□不制冷　　　□异响　　　　□有异味　　　□出风冷热不均 漏　水：□冷却液　　　□车身　　　　□天窗　　　　□前风窗玻璃 　　　　□后风窗玻璃 漏　油：□发动机　　　□变速器　　　□制动　　　　□转向 事　故：□保险事故整形油漆　□局部整形补漆 具体描述(5W2H)：

续上表

物品确认 (有打√,无打×)	□备胎　□随车工具　□灭火器　□点烟器　□警示牌　□充电线 □其他_____	油量 电量 ____%
环车检查	内饰检查□　　　　　外观检查□ 检查结果:良好打√　　异常打×	
服务顾问提醒	1.维修旧件(非索赔件)处理:□顾客要求带走　　□顾客选择不带走 2.维修后洗车:　　　　□洗车　　　　　□不洗车 3.维修后充电:　　　　□充电　　　　　□不充电 　　　　　　　　　　□预估充电用时_____ 4.已提醒您将车内贵重物品带离车辆并妥善保管。□已确认 服务顾问_____　　　顾客签字_____	
服务/技术顾问 初步建议	签名:	

维修班组 诊断结果	维修项目	所需备件	备件确认	索赔确认
			□有□无	□是□否
			□有□无	□是□否
			□有□无	□是□否

三、决策

故障信息

（1）连接故障诊断仪 VW VAS 6150E,按下一键启动开关,打开故障诊断仪,进入数据总线诊断接口,读取并记录相关故障码与数据流(本次活动决策和实施部分以左后转向灯故障为例)。车辆下电后清除故障码,车辆再次上电后,使用故障诊断仪再次读取故障码并和之前的故障码进行对比,分析故障码的性质。

故障码	故障含义
U11700	左侧 LED 前照灯模块化电源,无通信
U159100	左侧车灯控制系统控制单元 2,无通信

续上表

数据流	数据流相应参数

（2）查阅维修手册或维修资料,并在下方图框处画出大众ID.4左后转向信号灯系统的电路图(有故障部分)。

（3）根据电路图分析大众ID.4左后转向信号灯系统的故障原因,讨论并完成下面的故障分析图(思维导图)。

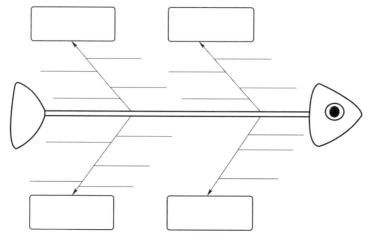

(4)通过查阅维修手册,结合故障分析,编制左后转向信号灯系统故障诊断实施方案。

诊断步骤

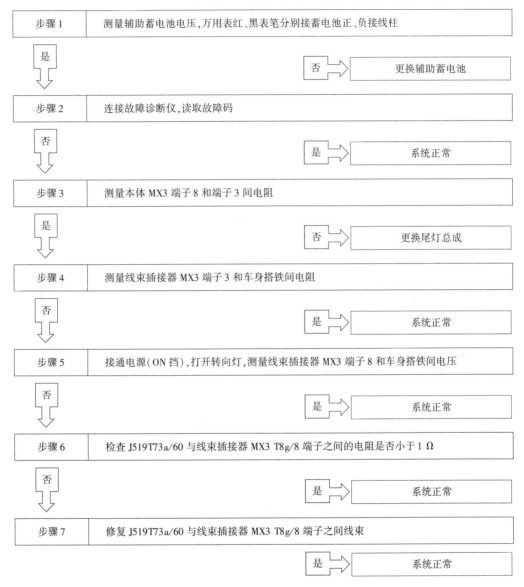

| 步骤1 | 测量辅助蓄电池电压,万用表红、黑表笔分别接蓄电池正、负接线柱 |

是↓　　　　　　　　　　　　　否⇒ 更换辅助蓄电池

| 步骤2 | 连接故障诊断仪,读取故障码 |

否↓　　　　　　　　　　　　　是⇒ 系统正常

| 步骤3 | 测量本体MX3端子8和端子3间电阻 |

是↓　　　　　　　　　　　　　否⇒ 更换尾灯总成

| 步骤4 | 测量线束插接器MX3端子3和车身搭铁间电阻 |

否↓　　　　　　　　　　　　　是⇒ 系统正常

| 步骤5 | 接通电源(ON挡),打开转向灯,测量线束插接器MX3端子8和车身搭铁间电压 |

否↓　　　　　　　　　　　　　是⇒ 系统正常

| 步骤6 | 检查J519T73a/60与线束插接器MX3 T8g/8端子之间的电阻是否小于1Ω |

否↓　　　　　　　　　　　　　是⇒ 系统正常

| 步骤7 | 修复J519T73a/60与线束插接器MX3 T8g/8端子之间线束 |

　　　　　　　　　　　　　　　是⇒ 系统正常

(1)确认左后转向灯是否正常工作。
(2)确认修理完成。

人员安排

请小组商量后,决定每个小组成员的角色及任务分工。

新能源汽车电器故障诊断与排除

班级		组号		指导教师	
组长		角色及任务分工			
组员1		角色及任务分工			
组员2		角色及任务分工			
组员3		角色及任务分工			
组员4		角色及任务分工			
组员5		角色及任务分工			

工具准备 >>>

请根据相应的故障诊断需求,列出所需的工具设备清单。

序号	工具及材料名称	单位	数量	备注
1	汽车防护套装(车内和车外)	套		
2	常用维修工具(视车型而定)	套		
3	实训车辆	台		
4	解码仪(视车型而定)	个		
5	元件	套		

注意事项 >>>

请根据操作条件及故障诊断的需求,列举出各工序的注意事项。

序号	维修工序内容	注意事项
1	查阅维修手册,读取故障信息,制订操作流程	
2	转向灯线路检测	
3	元件、模块更换	
4	复检	

四、实施

序号	操作示意图	操作方法	备注
1		测量辅助蓄电池电压，万用表红、黑表笔分别接蓄电池正、负接线柱	电压标准值为 11 ~ 14 V
2		连接故障诊断仪，读取故障码	确认故障信息
3		断开电源（位于 OFF 挡），断开线束插接器 MX3，测量左后尾灯本体 MX3 端子 8 和端子 3 间电阻	电阻标准值为 10 kΩ

续上表

序号	操作示意图	操作方法	备注
4		断开电源（位于OFF挡），断开线束插接器MX3,测量线束插接器MX3端子3和车身搭铁间电阻	电阻应小于1Ω
5		接通电源（位于ON挡），打开转向灯,测量线束插接器MX3端子8和车身搭铁间电压	电压应该在0~19 V之间变化
6		断开电源（位于OFF挡），断开线束插接器MX3、J519,测量 J519T73a/60 与线束插接器MX3 T8g/8 端子间电阻	电阻应小于1Ω
7		修复 J519T73a/60 与线束插接器MX3 T8g/8 端子之间线束	电阻应小于1Ω

续上表

序号	操作示意图	操作方法	备注
8		接通电源（位于ON挡），断开线束插接器MX3,打开转向灯,测量线束插接器MX3端子8和车身搭铁间电压	电压应在0～19 V之间变化 确认左后转向灯能够正常工作

五、检查

用故障诊断仪VW VAS 6150E读取故障码,根据诊断仪读出故障类型。

(1)关闭点火开关。
(2)将故障诊断仪连接到汽车故障诊断接口(U31)。
(3)按照诊断仪上的提示读出故障码(DTC)。
(4)清除故障码。
(5)再次读取故障码(根据是否依然存在故障码,在相应的横线上画√)。
是_____ 否_____
(6)验证转向灯是否正常工作。
(7)整理,恢复作业场地。

六 评估

（一）请根据工作过程填写大众ID.4纯电动汽车转向灯不亮故障诊断与排除任务工单

转向灯不亮故障诊断与排除任务工单		班级：	
		姓名：	
1. 车辆信息记录			
品牌		整车型号		生产年月	
驱动电机型号		动力蓄电池电量		行驶里程	
车辆识别代号					
2. 作业场地准备					
是否设置隔离栏				□是　□否	
是否设置安全警示牌				□是　□否	
灭火器压力是否正常，灭火器是否在有效期内				□是　□否	
是否安装车辆挡块				□是　□否	
3. 记录故障现象					
4. 使用故障诊断仪读取故障码、数据流					
故障码					
数据流					
5. 绘制相关电路图					

续上表

6.故障检测

检测对象	检测条件	检测值	标准值	结果判断

7.故障确认

故障点	故障类型	维修措施

8.竣工检验

转向灯是否正常工作	□是 □否

9.作业场地恢复

是否拆卸车内三件套	□是 □否
是否拆卸翼子板布	□是 □否
是否将高压警示牌等放至原位置	□是 □否
是否清洁、整理场地	□是 □否

(二)请根据工作过程撰写大众ID.4纯电动汽车转向灯不亮故障诊断与排除技术总结

大众ID.4纯电动汽车转向灯不亮故障诊断与排除技术总结
1.故障现象
2.故障原因
3.故障基本检查过程
4.经验和不足

新能源汽车电器故障诊断与排除

活动评价

根据学习过程评价表进行自评、互评、教师评价。

转向灯不亮故障诊断与排除				实习日期：			
姓名：		班级：		学号：		教师签名：	
自评：□熟练　□不熟练		互评：□熟练　□不熟练		师评：□合格　□不合格			
日期：		日期：		日期：			
转向灯不亮故障诊断与排除【评分细则】							
序号	评分项	得分条件	得分	评分要求	自评	互评	师评
1	安全/8S/态度	□1）能进行工位8S操作 □2）能进行设备和工具安全检查 □3）能进行车辆安全防护操作 □4）能进行工具清洁、校准、存放操作 □5）能进行三不落地操作		满分15分，每未完成1项扣3分	□熟练 □不熟练	□熟练 □不熟练	□合格 □不合格
2	专业技能能力	□1）能正确做数字绝缘测试仪开路检测并确认电阻无穷大 □2）能正确做数字绝缘测试仪短路检测并确认电阻小于1Ω □3）能确认数字绝缘测试仪上"TEST"功能正常 □4）能正确检测绝缘垫绝缘性且佩戴绝缘手套与护目镜 □5）能正确地检修转向信号灯灯泡 □6）能正确地检修电路通断		满分50分，每未完成1项扣5分	□熟练 □不熟练	□熟练 □不熟练	□合格 □不合格
3	工具及设备的使用能力	□1）能正确地使用维修工具 □2）能正确地使用故障诊断仪 □3）能正确地使用万用表		满分10分，每未完成1项扣3分	□熟练 □不熟练	□熟练 □不熟练	□合格 □不合格
4	资料、信息查询能力	□1）能正确地使用维修手册查询资料 □2）能正确地记录所需维修信息		满分10分，每未完成1项扣3分	□熟练 □不熟练	□熟练 □不熟练	□合格 □不合格
5	数据判断和分析能力	□1）能判断灯泡灯丝是否熔断 □2）能判断熔断器是否熔断 □3）能判断电路是否正常		满分10分，每未完成1项扣3分	□熟练 □不熟练	□熟练 □不熟练	□合格 □不合格

续上表

序号	评分项	得分条件	得分	评分要求	自评	互评	师评
6	表单填写和报告撰写的能力	□1)字迹清晰 □2)语句通顺 □3)无错别字 □4)无涂改 □5)无抄袭		满分5分,每未完成1项扣1分	□熟练 □不熟练	□熟练 □不熟练	□合格 □不合格
总分:							

学习活动测评

一、填空题

1. 汽车转向信号灯兼有_____功能和_____功能。
2. 当闭合_____开关时,左、右转向信号灯同时闪烁。
3. 当起动开关置于_____后,BCM 能够检测到转向信号灯电路的电压信号。
4. 大众 ID.4 尾部灯光系统包括尾灯、转向信号灯、_____、_____等。

二、判断题

1. 汽车转向信号灯的灯光颜色一般为白色。（ ）
2. 搭铁点 729 故障引起左、右转向信号灯无法正常工作。（ ）

三、简答题

简述大众 ID.4 转向信号灯的工作原理。

学习活动3 新能源汽车雾灯不亮故障诊断与排除

一 资讯

情境描述

一辆大众 ID.4 纯电动汽车进厂维修,客户(由教师或学生扮演)反映车辆雾灯不亮,经确认故障现象后,需要对该故障进行诊断与排除。

学生接受大众 ID.4 纯电动汽车雾灯不亮故障诊断与排除任务后,与客户充分沟通,在规定时间内进行工作任务确认,生成环检问诊单;通过查阅维修手册,结合故障分析,编制雾灯不亮故障诊断任务实施方案,包括诊断步骤、时间及人员安排、所需工具、注意事项等;以独立或小组合作的方式,按照任务实施方案和作业流程,参照维修手册,准备工具、仪器设备、耗材物料,使用诊断设备和工具,对车辆雾灯的元件、控制线路及控制模块等实施数据检测、故障码读取、故障部位查找、故障点修复作业;自检合格后,填写任务工单并进行质量检验;同时,学生应在教师指导下总结任务实施过程,撰写任务实施指导书。学生在工作过程中要具有成本意识,遵守现场工作管理规范。

任务要求

请你根据任务情境描述,在规定的时间内,分别完成大众 ID.4 纯电动汽车雾灯不亮故障诊断与排除的方案编制和故障的基本检查实施:

(1)请列出需要和车主沟通的内容;
(2)请完成车辆的环车检查,填写好环检问诊单;
(3)请查阅该车型的维修手册,查看大众 ID.4 纯电动汽车雾灯的电路图,列出可能的故障原因,并说明理由;
(4)请根据情境描述的故障现象,查阅维修手册等资料,制订一份尽可能详细的汽车雾灯故障诊断与排除的解决方案,并全面而细致地说明采取此方案的理由;
(5)请查阅维修手册,对车辆雾灯进行基本检查;
(6)请列出在汽车雾灯基本检查过程中需要注意的事项。

任务分组

全班学生分成若干个学习小组,每小组 4~6 人。
班组长:负责任务布置,组员分工。
服务顾问:负责接待问诊,基本检查,故障现象确认。
配件管理员:负责耗材准备。
工具管理员:负责工具设备准备,维修资料查阅。
维修技师:负责实施维修操作。
车间主管:负责实施维修质量检验。

知识链接

1. 雾灯的功用

汽车雾灯是指在雾、雪、雨或尘埃弥漫等能见度较低的环境中,为改善前方道路不明情况,提醒对向驾驶员,使车辆前方其他道路交通参与者易于发现本车而安装在车辆前部,发光强度比前照灯更大的信号灯,以及为使车辆后方其他道路交通参与者易于发现本车而安装在车辆后部,发光强度比尾灯更大的信号灯。

2. 雾灯的分类

汽车雾灯一般安装于汽车的前部和后部,分别为前雾灯和后雾灯。前雾灯灯光一般为明亮的黄色,后雾灯灯光则为红色。后雾灯的标志和前雾灯有所区别,前雾灯标志的灯光线条是向下的,后雾灯的是平行的,二者一般都位于车内的仪表控制台上。由于雾灯亮度高、穿透性强,不会因雾气而产生漫反射,所以正确使用能够有效预防事故的发生。在有雾的天气,前、后雾灯通常是一起使用的。

前雾灯标志:左边是三条斜线,由一条弯曲的线穿过,右边是近似半椭圆形的图形。

后雾灯标志:左边是近似半椭圆形的图形,右边是三条横线,由一条弯曲的线穿过(图1-24)。

图1-24 前雾灯和后雾灯开启示意图

3. 雾灯的开启方法

(1)按钮开启雾灯。

有的车辆是通过按键开启前、后雾灯的,即在仪表盘附近按键上有雾灯标志,在开启灯光后,按下前雾灯按键,即可点亮前面的雾灯;按下后雾灯按键,即可点亮车后面的雾灯。

(2)旋转/拨挡开启雾灯。

有的车辆雾灯开关安装在转向盘下的灯光操纵杆上或左手边空调下,是通过旋转按钮/拨挡来开启的。当把中间标有雾灯信号的按钮旋转到后雾灯位置,或将挡位拨到后雾灯位置时,即开启后雾灯。如图1-25所示。

图1-25 雾灯开关示意图

4. 大众ID.4雾灯结构及原理认知

(1)大众ID.4照明控制单元。

大众ID.4只有后雾灯,它是通过照明操作单元EX59控制的,如图1-26所示。照明控制单元包括车灯开关、开关和仪表照明调节器、可加热式后窗玻璃按钮、后雾灯按钮、前窗玻璃除霜功能按钮等。

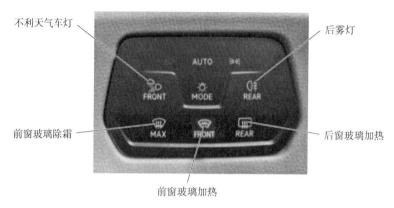

图1-26 EX59控制单元示意图

（2）大众ID.4雾灯电路示意图。

照明操作单元EX59 T4be/2端子通过SC44熔断丝由蓄电池提供电源，T4be/1端子与J519 T73c/43通过LIN线（LIN线是一种串行通信网络线，属于辅助的数据传输线）连接，T4be/3端子连接地线，J519 T73c/9号端子与尾灯X3 T3am/2连接，如图1-27所示。

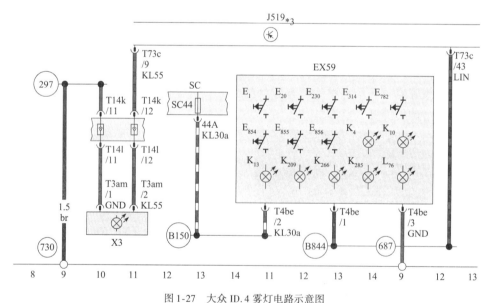

图1-27 大众ID.4雾灯电路示意图
J519-车载电网控制单元；EX59-照明控制单元；X3-后雾灯

任务确认

1. 明确工作任务

（1）请认真阅读工作情境描述，用彩笔标记关键词，并用一句话总结你需要完成的任务及要求。

工作要求

(2)现需要与班组长进行沟通并确认车辆等相关信息,请你列出需要问的问题。

序号	问题
1	
2	
3	
4	
5	

2. 环车检查

环车检查包括车内检查项目、车外观检查项目、机舱检查项目、行李舱检查项目和上升举升机检查项目,具体项目与本学习任务的学习活动1相同。

3. 故障现象确认

(1)打开点火开关,观察组合仪表,发现车辆照明警告灯点亮。

(2)检查发现车辆雾灯不亮,确认故障现象。

进一步确认故障现象为:_____。

4. 环检问诊单填写

请根据沟通内容、环车检查以及故障现象填写完成环检问诊单。

某店车辆环检问诊单

是否预约　　是□　否□　车牌号＿＿＿＿＿＿　接车时间：　年　月　日　时　分

基本信息	车主□　送修人□	姓名		车型		购车日期	
		电话		备用电话		总里程	
		VIN 码				EV 里程	

顾客描述	维　护：□首次维护　　□强制维护　　□一般维护　　□常规维护
	发动机：□难起动　　□急速不稳　　□动力不足　　□油耗高
	□易熄火　　□抖动　　　　□加速不良
	异　响：□发动机　　□底盘　　　　□行驶　　　　□变速器
	□制动　　　□仪表台　　　□座椅或车门
	灯　亮：□发动机故障灯　　□SVS 灯　　　　□ABS 灯　　　□空气囊灯
	□机油压力报警灯　□胎压报警灯　　□EPS 灯/REPS 灯　□ESP 灯
	□充电系统灯　　　□动力系统故障灯　□电机故障灯　□主警告指示灯
	□动力蓄电池故障灯　□发动机冷却液报警灯　□电机冷却液报警灯
	空　调：□不制冷　　□异响　　　　□有异味　　　□出风冷热不均
	漏　水：□冷却液　　□车身　　　　□天窗　　　　□前风窗玻璃
	□后风窗玻璃
	漏　油：□发动机　　□变速器　　　□制动　　　　□转向
	事　故：□保险事故整形油漆　□局部整形补漆
	具体描述(5W2H)：

物品确认 (有打√,无打×)	□备胎　□随车工具　□灭火器　□点烟器　□警示牌　□充电线 □其他＿＿＿＿	
环车检查	内饰检查□　　　　外观检查□	油量 电量 ＿＿％
	检查结果：良好打√　异常打×	

服务顾问提醒	1. 维修旧件(非索赔件)处理：□顾客要求带走　□顾客选择不带走 2. 维修后洗车：　　□洗车　　□不洗车 3. 维修后充电：　　□充电　　□不充电 　　　　　　　　　□预估充电用时＿＿＿＿ 4. 已提醒您将车内贵重物品带离车辆并妥善保管。□已确认
	服务顾问　　　　　　　　　顾客签字

服务/技术顾问 初步建议	 　 签名：

续上表

	维修项目	所需备件	备件确认	索赔确认
维修班组诊断结果			□有 □无	□是 □否
			□有 □无	□是 □否
			□有 □无	□是 □否

三、决策

故障信息

(1)连接故障诊断仪 VW VAS 6150E,按下一键启动开关,打开故障诊断仪,进入数据总线诊断接口,读取并记录相关故障码与数据流(本次活动决策和实施部分以左后雾灯故障为例)。车辆下电后清除故障码,车辆再次上电后,使用故障诊断仪再次读取故障码并和之前的故障码进行对比,分析故障码的性质。

故障码	故障含义
U140A00	端子30断路
U113900	灯开关信号不可信
数据流	数据流相应参数

(2)查阅维修手册或维修资料,并在下方图框处画出大众 ID.4 左后雾灯系统的电路图(有故障部分)。

(3)根据电路图分析大众 ID.4 左后雾灯系统的故障原因,讨论并完成下面的故障分析图(思维导图)。

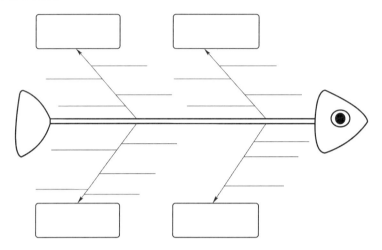

(4)通过查阅维修手册,结合故障分析,编制左后雾灯系统故障诊断实施方案。

 诊断步骤 >>>>

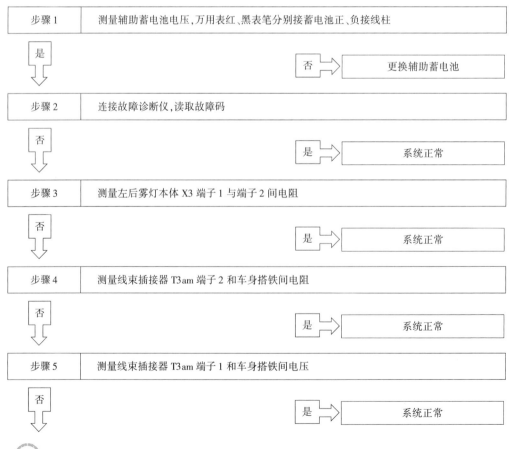

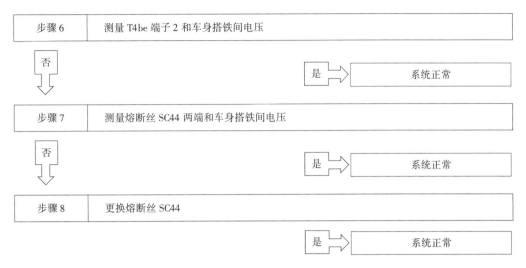

(1)确认左后雾灯是否正常工作。
(2)确认修理完成。

人员安排

请小组商量后,决定每个小组成员的角色及任务分工。

班级		组号		指导教师	
组长		角色及任务分工			
组员1		角色及任务分工			
组员2		角色及任务分工			
组员3		角色及任务分工			
组员4		角色及任务分工			
组员5		角色及任务分工			

工具准备

请根据相应的故障诊断需求,列出所需的工具设备清单。

序号	工具及材料名称	单位	数量	备注
1	汽车防护套装(车内和车外)	套		
2	常用维修工具(视车型而定)	套		
3	实训车辆	台		
4	解码仪(视车型而定)	个		
5	元件	套		

新能源汽车电器故障诊断与排除

📰 注意事项 »»

请根据操作条件及故障诊断的需求,列举出各工序的注意事项。

序号	维修工序内容	注意事项
1	查阅维修手册,读取故障信息,制订操作流程	
2	雾灯线路检测	
3	元件、模块更换	
4	复检	

四 实施

序号	操作示意图	操作方法	备注
1		测量辅助蓄电池电压,万用表红、黑表笔分别接蓄电池正、负接线柱	电压标准值为 11 ~ 14 V
2		连接故障诊断仪,读取故障码	确认故障信息

续上表

序号	操作示意图	操作方法	备注
3		断开电源（位于OFF挡），断开线束插接器T3am，测量左后雾灯本体X3端子1与端子2之间的电阻	电阻标准值为10 kΩ
4		接通电源（位于ON挡），测量T3am端子1和车身搭铁间电压	电压标准值为11～14 V
5		断开电源（位于OFF挡），断开线束插接器T3am，测量线束插接器T3am端子2和车身搭铁间电阻	电阻应小于1 Ω
6		断开T4be插头，测量T4be端子2与车身搭铁间电压	电压标准值为11～14 V

续上表

序号	操作示意图	操作方法	备注
7		测量熔断丝 SC44 两端与车身搭铁间电压	电压标准值为 11~14 V
8		断开电源（位于 OFF 挡），拔 SC44，测熔断丝两端电阻	电阻应小于 1 Ω

续上表

序号	操作示意图	操作方法	备注
9		测量更换后的熔断丝电阻	电阻应小于1 Ω
10		测量更换后的熔断丝与车身搭铁间电压	电压标准值为11～14 V 确认左后雾灯能够正常工作

五、检查

用故障诊断仪 VW VAS 6150E 读取故障码,根据诊断仪读出故障类型。
(1)关闭点火开关。
(2)将故障诊断仪连接到汽车故障诊断接口(U31)。
(3)按照诊断仪上的提示读出故障码(DTC)。
(4)清除故障码。
(5)再次读取故障码(根据是否依然存在故障码,在相应的横线上画√)。
是_____ 否_____
(6)验证雾灯是否正常工作。
(7)整理,恢复作业场地。

新能源汽车电器故障诊断与排除

六、评估

活动总结

（一）请根据工作过程填写大众 ID.4 纯电动汽车雾灯不亮故障诊断与排除任务工单

雾灯不亮故障诊断与排除任务工单		班级：			
		姓名：			
1. 车辆信息记录					
品牌		整车型号		生产年月	
驱动电机型号		动力蓄电池电量		行驶里程	
车辆识别代号					
2. 作业场地准备					
是否设置隔离栏				□是	□否
是否设置安全警示牌				□是	□否
灭火器压力是否正常，灭火器是否在有效期内				□是	□否
是否安装车辆挡块				□是	□否
3. 记录故障现象					
4. 使用故障诊断仪读取故障码、数据流					
故障码					
数据流					
5. 绘制相关电路图					

续上表

6.故障检测				
检测对象	检测条件	检测值	标准值	结果判断

7.故障确认		
故障点	故障类型	维修措施

8.竣工检验		
雾灯是否正常工作	□是	□否

9.作业场地恢复		
是否拆卸车内三件套	□是	□否
是否拆卸翼子板布	□是	□否
是否将高压警示牌等放至原位置	□是	□否
是否清洁、整理场地	□是	□否

（二）请根据工作过程撰写大众ID.4纯电动汽车雾灯不亮故障诊断与排除技术总结

大众ID.4纯电动汽车雾灯不亮故障诊断与排除技术总结
1.故障现象
2.故障原因
3.故障基本检查过程
4.经验和不足

新能源汽车电器故障诊断与排除

活动评价

根据学习过程评价表进行自评、互评、教师评价。

雾灯不亮故障诊断与排除		实习日期：	
姓名：	班级：	学号：	教师签名：
自评：□熟练　□不熟练	互评：□熟练　□不熟练	师评：□合格　□不合格	
日期：	日期：	日期：	
雾灯不亮故障诊断与排除【评分细则】						

序号	评分项	得分条件	得分	评分要求	自评	互评	师评
1	安全/8S/态度	□1）能进行工位8S操作 □2）能进行设备和工具安全检查 □3）能进行车辆安全防护操作 □4）能进行工具清洁、校准、存放操作 □5）能进行三不落地操作		满分15分，每未完成1项扣3分	□熟练 □不熟练	□熟练 □不熟练	□合格 □不合格
2	专业技能能力	□1）能正确做数字绝缘测试仪开路检测并确认电阻无穷大 □2）能正确做数字绝缘测试仪短路检测并确认电阻小于1Ω □3）能确认数字绝缘测试仪上"TEST"功能正常 □4）能正确检测绝缘垫绝缘性且佩戴绝缘手套与护目镜 □5）能正确地检修电路通断		满分50分，每未完成1项扣5分	□熟练 □不熟练	□熟练 □不熟练	□合格 □不合格
3	工具及设备的使用能力	□1）能正确地使用维修工具 □2）能正确地使用故障诊断仪 □3）能正确地使用万用表		满分10分，每未完成1项扣3分	□熟练 □不熟练	□熟练 □不熟练	□合格 □不合格
4	资料、信息查询能力	□1）能正确地使用维修手册查询资料 □2）能正确地记录所需维修信息		满分10分，每未完成1项扣3分	□熟练 □不熟练	□熟练 □不熟练	□合格 □不合格
5	数据判断和分析能力	□1）能判断灯泡灯丝是否熔断 □2）能判断熔断器是否熔断 □3）能判断电路是否正常		满分10分，每未完成1项扣3分	□熟练 □不熟练	□熟练 □不熟练	□合格 □不合格

续上表

序号	评分项	得分条件	得分	评分要求	自评	互评	师评
6	表单填写和报告撰写的能力	□1）字迹清晰 □2）语句通顺 □3）无错别字 □4）无涂改 □5）无抄袭		满分5分，每未完成1项扣1分	□熟练 □不熟练	□熟练 □不熟练	□合格 □不合格
总分：

学习活动测评

一、填空题

1. 一般汽车雾灯控制中开雾灯必须先开_____。
2. 汽车雾灯一般安装于汽车的_____和_____。
3. 后雾灯左边是近似半椭圆形的图形，右边是_____，由一条弯曲的线穿过。

二、判断题

1. 汽车雾灯的灯光颜色一般为白色。（　　）
2. 有的车辆雾灯开关安装在方向盘下灯光操纵杆上或左手边空调下，是通过旋转按钮/拨挡来开启的。（　　）

三、简答题

简述大众ID.4雾灯的工作原理。

_____

_____

学习活动4　新能源汽车仪表灯不亮故障诊断与排除

一、资讯

情境描述

一辆大众ID.4纯电动汽车进厂维修，客户（由教师或学生扮演）反映车辆仪表灯不亮，经确认故障现象后，需要对该故障进行诊断与排除。

学生接受大众 ID.4 纯电动汽车仪表灯不亮故障诊断与排除任务后,与客户充分沟通,在规定时间内进行工作任务确认,生成环检问诊单;通过查阅维修手册,结合故障分析,编制仪表灯不亮故障诊断任务实施方案,包括诊断步骤、时间及人员安排、所需工具、注意事项等;以独立或小组合作的方式,按照任务实施方案和作业流程,参照维修手册,准备工具、仪器设备、耗材物料,使用诊断设备和工具,对车辆仪表灯的元件、控制线路及控制模块等实施数据检测、故障码读取、故障部位查找、故障点修复作业;自检合格后,填写任务工单并进行质量检验;同时,学生应在教师指导下总结任务实施过程,撰写任务实施指导书。学生在工作过程中要具有成本意识,遵守现场工作管理规范。

任务要求

请你根据任务情境描述,在规定的时间内,分别完成大众 ID.4 纯电动汽车仪表灯不亮故障诊断与排除的方案编制和故障的基本检查实施:

(1)请列出需要和车主沟通的内容;
(2)请完成车辆的环车检查,填写好环检问诊单;
(3)请查阅该车型的维修手册,查看大众 ID.4 纯电动汽车仪表灯的电路图,列出可能的故障原因,并说明理由;
(4)请根据情境描述的故障现象,查阅维修手册等资料,制订一份尽可能详细的汽车仪表灯故障诊断与排除的解决方案,并全面而细致地说明采取此方案的理由;
(5)请查阅维修手册,对车辆仪表灯进行基本检查;
(6)请列出在汽车仪表灯基本检查过程中需要注意的事项。

任务分组

全班学生分成若干个学习小组,每小组 4~6 人。
班组长:负责任务布置,组员分工。
服务顾问:负责接待问诊,基本检查,故障现象确认。
配件管理员:负责耗材准备。
工具管理员:负责工具设备准备,维修资料查阅。
维修技师:负责实施维修操作。
车间主管:负责实施维修质量检验。

仪表盘组成

二 计划

知识链接

1. 新能源汽车常用仪表

汽车仪表是汽车系统中重要的组成部分,传统的电磁和机械仪表结构臃肿、布线复杂、占用空间大、显示信息有限,已无法满足汽车智能化发展的需求。汽车仪表的电子化使得仪表可以快速准确地获得并显示行车过程中车辆的信息,如胎压、安全气囊状态、制动装置状态等,驾驶员可通过仪表显示的各种信息及时了解并掌握汽车的运行状态,能快速准确地处理各种状况。汽车液晶仪表的推出提高了电控单元的利用率,增大了电控单元的通信速率、可靠性和准确率,是汽车电子化发展的必然趋势。

1) 组合仪表

大众 ID.4 组合仪表包括彩色显示仪表 ID.Display、数字组合仪表中的电量和续驶里程、行驶功率表、显示屏显示、警告和信息文本、维护周期显示、时间和日期、驾驶辅助系统按钮、售后服务菜单等内容。

(1) 彩色显示仪表 ID.Display。

ID.Display 是一款带高清分辨率 LC 彩色显示屏的数字式组合仪表。通过选择不同的信息模式,除了显示驾驶辅助系统中的数字车速表,还可以出现其他显示,如图 1-28 所示。

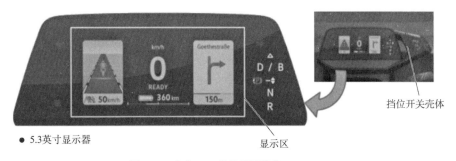

图 1-28 大众 ID.4 液晶显示仪表 ID.Display

该表能够显示关于行驶里程、电量和续驶里程的信息等,同时在数字组合仪表上方会显示一些信息和警告,这些信息和警告会在一段时间后消失。

(2) 数字组合仪表中的电量和续驶里程。

数字组合仪表中的符号■和一个白色的百分比数用于显示高压电池的当前电量;续驶里程显示的数值根据驾驶方式和环境条件进行计算和更新,因此,当高压电池充满电时,续驶里程与标称续驶里程可能不同,且每次充满电后的续驶里程也可能不同;如果达到高压电池的备用电量区域,将显示符号■和一个彩色的百分比数,黄色的百分比数表明高压电池剩余电量 10%~20%,红色的百分比数表明高压电池剩余电量在 10% 以下,此时,请尽快给高压电池充电,以免车辆抛锚。如图 1-29 所示。

图 1-29 数字组合仪表中的电量和续驶里程
①-电量和续驶里程;②-剩余电量警告等级 1 和续驶里程;③-剩余电量警告等级 2 和续驶里程

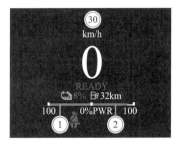

图1-30 行驶功率表示意图

(3)行驶功率表。

行驶功率表显示行驶期间电驱动装置的当前性能和当前驱动功率。通过一个更亮的进度条动态显示当前的驱动功率,或是作为能量回收功率(浅绿色)显示在左侧,或是作为牵引力功率(浅蓝色)显示在右侧。如果当前的驱动功率和当前可提供的功率相同(进度条长度相同),说明达到电驱动装置的功率限制。如图1-30所示。

(4)显示屏显示。

①车门、前机舱盖和行李舱盖未关闭提示。

解锁车辆后以及驾驶期间,若有未关的车门以及未关的前机舱盖或行李舱盖,会在数字组合仪表中显示相关信息,可能还会发出声音信号。如果当前的驱动功率和当前可提供的功率相同(进度条长度相同),说明达到电驱动装置的功率限制。

②环境温度显示。

在车外温度低于约4℃时,在数字组合仪表上方会出现一个冰晶符号。该符号会保持亮起,直至车外温度上升到超过6℃。

③里程显示。

总里程表记录了车辆总的行驶里程。

④续驶里程显示。

在与当前相同的驾驶方式和相同的消耗下使用当前蓄电池容量大概还能行驶的里程。

(5)警告和信息文本。

在打开点火开关时或在行驶期间,会检查车辆的某些功能和车辆组件的状态。通过带有文字信息的红色和黄色警告符号在组合仪表显示屏上显示功能故障,必要时还会发出声音信号。视组合仪表型号不同,文本和符号的显示可能有所不同。

(6)维护周期显示。

在组合仪表显示屏和信息娱乐系统中显示关于维护项目的信息。组合仪表和信息娱乐系统有各种不同的规格,因此显示屏的规格和显示可能有所不同。

2)信息娱乐系统

信息娱乐系统将一些重要的汽车系统结合成一个中央操作元件,包括菜单设置、收音机或导航系统,提供车辆设置功能和ID. Light,如图1-31所示。

图1-31 信息娱乐系统示意图

(1)车辆设置。

在信息娱乐系统的车辆设置中可以设置单个功能和系统。

(2) ID. Light。

ID. Light 是一种可为驾驶者显示车辆状态补充信息的智能照明方案。在生成行驶准备就绪状态后以及行驶过程中，ID. Light 会帮助传输当前行驶状况的信息。

显示的信息包括上锁和解锁、充电过程、语音操作、导航、行驶功率降低、车前测距监控系统的制动要求等。同时能够通过触摸调节器调节亮度。

2. 大众 ID.4 仪表的唤醒

要想让 ID.4 仪表设备正常工作，必须通过总线或 15 电信号激活(唤醒)仪表。将连接控制单元的起始位置称为接线端。ID.4 中的接线端由 J533(ICAS1) 和 J519 控制，如图 1-32 所示。J533 承担主要功能，而 J519 则负责读取点火启动按钮并激活接线端 15 继电器。除了已知的车辆状态(例如信息娱乐系统的电源接线端 S 和点火开关供电接线端 15)，还实现了"Comfort Ready(舒适模式就绪)"状态和"READY(行驶准备就绪)"状态。

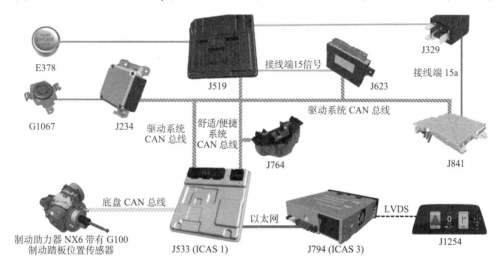

图 1-32　接线端控制功能联网信号

J234-安全气囊控制单元；J329-接线端 15 供电继电器；J519-车载电网控制单元；J533-数据总线诊断接口；J623-发动机控制单元；J764-电动转向柱锁止装置控制单元；J794-电子通信信息设备 1 控制单元；J841-电驱动装置控制单元；J1254-驾驶员信息系统控制及显示单元；E378-启动装置按钮；G1067-驾驶员侧座椅占用传感器

1) Comfort Ready 控制

该状态允许驾驶员在点火开关关闭时操作车内的信息娱乐系统和空调，其信号流控制如图 1-33 所示，汽车钥匙无须留在车内。当 J386 检测到驾驶员车门打开时，将通过 J533 唤醒驱动系统 CAN 总线，唤醒时间持续 90 s，超过 90 s 即使驾驶员坐下也不会激活。在这段时间内，驾驶员侧座椅占用传感器 G1067 可以检测驾驶员座椅是否被占用，并将此信息通过安全气囊模块 J234 传输给 J533。随后 J533 激活 Comfort Ready 状态，组合仪表中显示"欢迎驾驶员"和"(驻车制动器被激活)PARK"等信息。同时通过高电压蓄电池 CAN 总线唤醒高电压电池管理器 J840 和空调电动压缩机控制单元 J979 闭合高电压电路(激活时可以听到高压电路闭合的声音)，为空调的高电压组件供电和实现信号控制；通过以太网唤醒信息娱乐系统。

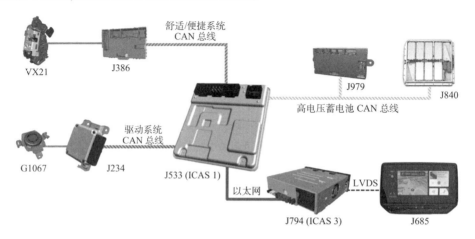

图 1-33　Comfort Ready 信号流

VX21-驾驶员车门闭锁单元；J386-驾驶员车门控制单元；J840-蓄电池调节控制单元；J979-暖风装置和空调的控制单元；J685-前部信息显示和操作单元控制单元的显示单元

2) Ready 控制

该状态出现的前提条件是驾驶员座椅已被占用，接线端 15 已激活。信号流如图 1-34 所示，当 J533 通过底盘 CAN 总线接收制动踏板的状态，行驶挡开关的位置 (位于 D 挡或 R 挡) 由转向柱电子装置控制单元 J527 通过舒适/便捷系统 CAN 总线发送给 J519。如果最后一次钥匙搜索已于 12 s 前完成，则认为结果是过时的。在这种情况下，J533 通过 J965 启动钥匙搜索，J519 接收来自汽车钥匙的无线电响应，并将其发送到 J533 进行检查。如果结果是正面的，则 J533 通过所有数据总线发送信息 "接线端 50 激活"，仪表显示 "READY"，驻车制动器解除，当驾驶员将脚从踏板上移开时，车辆开始缓慢滚动滑移。

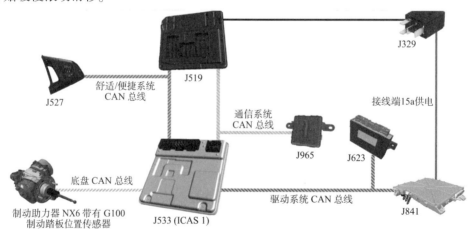

图 1-34　Ready 信号流

J527-转向柱电子装置控制单元；J965-进入及启动系统接口；J623-发动机控制单元

3. 大众 ID.4 仪表系统电路认知

驾驶员信息系统控制及显示单元 J1254 通过 SC19 熔断丝内蓄电池提供电源，T13a/5X 和 T13a/6X 共同在左 A 柱上的接地点 639，通过 CAN 与 J794 连接；前部信息显示和操作单元控制单元的显示单元 J685 通过 SC46 熔断丝内蓄电池提供电源，J685 和 J794 共用接地点，通过 CAN 与 J794 连接，如图 1-35 所示。

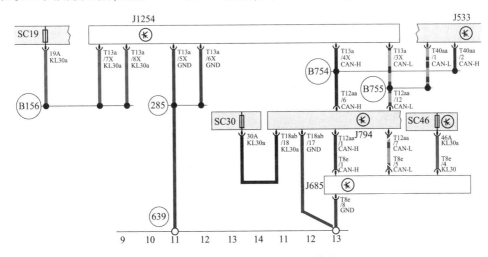

图 1-35 大众 ID.4 仪表系统电路简图

J1254-驾驶员信息系统控制及显示单元；J794-电子通信信息设备 1 控制单元；J533-数据总线诊断接口

任务确认

1. 明确工作任务

（1）请认真阅读工作情境描述，用彩笔标记关键词，并用一句话总结你需要完成的任务及要求。

工作要求

（2）现需要与班组长进行沟通并确认车辆等相关信息，请你列出需要问的问题。

序号	问题
1	
2	

续上表

序号	问题
3	
4	
5	

2. 环车检查

环车检查包括车内检查项目、车外观检查项目、机舱检查项目、行李舱检查项目和上升举升机检查项目,具体项目与本学习任务的学习活动1相同。

3. 故障现象确认

打开点火开关,观察组合仪表,发现仪表灯未点亮。

进一步确认故障现象为:_____。

4. 环检问诊单填写

请根据沟通内容、故障现象以及环车检查填写完成环检问诊单。

某店车辆环检问诊单

是否预约　　是□　否□　　车牌号_____　　接车时间：　年　月　日　时　分

基本信息	车主□　送修人□	姓名		车型		购车日期	
		电话		备用电话		总里程	
		VIN码				EV里程	

顾客描述	
维　护:□首次维护　　□强制维护　　□一般维护　　□常规维护	
发动机:□难起动　　□怠速不稳　　□动力不足　　□油耗高	
□易熄火　　□抖动　　□加速不良	
异　响:□发动机　　□底盘　　□行驶　　□变速器	
□制动　　□仪表台　　□座椅或车门	
灯　亮:□发动机故障灯　□SVS灯　□ABS灯　□空气囊灯	
□机油压力报警灯　□胎压报警灯　□EPS灯/REPS灯　□ESP灯	
□充电系统灯　□动力系统故障灯　□电机故障灯　□主警告指示灯	
□动力蓄电池故障灯　□发动机冷却液报警灯　□电机冷却液报警灯	
空　调:□不制冷　□异响　□有异味　□出风冷热不均	
漏　水:□冷却液　□车身　□天窗　□前风窗玻璃	
□后风窗玻璃	
漏　油:□发动机　□变速器　□制动　□转向	
事　故:□保险事故整形油漆　□局部整形补漆	
具体描述(5W2H):	

续上表

物品确认 (有打✓,无打×)	□备胎　□随车工具　□灭火器　□点烟器　□警示牌　□充电线 □其他_____	油量 F E
环车检查	内饰检查□　　　　　外观检查□ 检查结果：良好打✓　　异常打×	电量 ___%
服务顾问提醒	1.维修旧件(非索赔件)处理：□顾客要求带走　　□顾客选择不带走 2.维修后洗车：　　　□洗车　　　　　□不洗车 3.维修后充电：　　　□充电　　　　　□不充电 　　　　　　　　　□预估充电用时_____ 4.已提醒您将车内贵重物品带离车辆并妥善保管。□已确认 服务顾问_____　　　　　　顾客签字_____	
服务/技术顾问 初步建议	签名：	

维修班组 诊断结果	维修项目	所需备件	备件确认	索赔确认
			□有□无	□是□否
			□有□无	□是□否
			□有□无	□是□否

三　决策

故障信息

(1)连接故障诊断仪 VW VAS 6150E,按下一键启动开关,打开故障诊断仪,进入数据总线诊断接口,读取并记录相关故障码与数据流。车辆下电后清除故障码,车辆再次上电后,使用故障诊断仪再次读取故障码并和之前的故障码进行对比,分析故障码的性质。

故障码	故障含义
U014000	车身计算机1/车载电网控制单元/电子设备控制单元无通信
U105400	电子通信信息设备1控制单元无通信

续上表

数据流	数据流相应参数

（2）查阅维修手册或维修资料,并在下方图框处画出大众 ID.4 仪表灯不亮的电路图(有故障部分)。

（3）根据电路图分析大众 ID.4 仪表灯不亮的故障原因,讨论并完成下面的故障分析图(思维导图)。

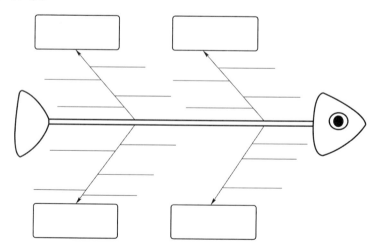

（4）通过查阅维修手册,结合故障分析,编制仪表灯不亮故障诊断实施方案。

诊断步骤

| 步骤1 | 测量辅助蓄电池电压,万用表红、黑表笔分别接蓄电池正、负接线柱 |

是 ↓   否 ⇒ 更换辅助蓄电池

| 步骤2 | 连接故障诊断仪,读取故障码 |

否 ↓   是 ⇒ 系统正常

| 步骤3 | 测量 J1254 T13a/7X 与 8X 与搭铁间电压是否为 11～14 V |

否 ↓   是 ⇒ 系统正常

| 步骤4 | 检查熔断器 SC19 电阻是否小于 1 Ω |

否 ↓   是 ⇒ 系统正常

| 步骤5 | 断负极,测量 J1254 T13a/5X 与 6X 和搭铁间电阻是否小于 1 Ω |

否 ↓   是 ⇒ 系统正常

| 步骤6 | 测量 J1254 T13a/3X 与 4X 之间电阻是否为 60 Ω 左右 |

否 ↓   是 ⇒ 系统正常

| 步骤7 | 测量 J1254 T13a/3X 至 J533 T40aa/1 间线束电阻是否小于 1 Ω |

否 ↓   是 ⇒ 系统正常

| 步骤8 | 测量 J1254 T13a/4X 至 J533 T40aa/2 间线束电阻是否小于 1 Ω |

否 ↓   是 ⇒ 系统正常

| 步骤9 | 维修 J1254 T13a/4X 至 J533 T40aa/2 线束 |

是 ⇒ 系统正常

新能源汽车电器故障诊断与排除

（1）确认仪表灯是否正常工作。
（2）确认修理完成。

人员安排

请小组商量后，决定每个小组成员的角色及任务分工。

班级		组号		指导教师	
组长		角色及任务分工			
组员1		角色及任务分工			
组员2		角色及任务分工			
组员3		角色及任务分工			
组员4		角色及任务分工			
组员5		角色及任务分工			

工具准备

请根据相应的故障诊断需求，列出所需的工具设备清单。

序号	工具及材料名称	单位	数量	备注
1	汽车防护套装（车内和车外）	套		
2	常用维修工具（视车型而定）	套		
3	实训车辆	台		
4	解码仪（视车型而定）	个		
5	元件	套		

注意事项

请根据操作条件及故障诊断的需求，列举出各工序的注意事项。

序号	维修工序内容	注意事项
1	查阅维修手册，读取故障信息，制订操作流程	
2	仪表系统线路检测	
3	元件、模块更换	
4	复检	

四、实施

序号	操作示意图	操作方法	备注
1		测量辅助蓄电池电压，万用表红、黑表笔分别接蓄电池正、负接线柱	电压标准值为11~14 V
2		连接故障诊断仪，读取故障码	确认故障信息
3		接通电源（位于ON挡），测量J1254 T13a/7X 与 8X 和搭铁间电压	电压标准值为10~14 V

续上表

序号	操作示意图	操作方法	备注
3			
4		断开电源(位于OFF挡),测量J1254 T13a/5X与6X和搭铁间电阻	电阻应小于1Ω
5		接通电源(位于ON挡),测量J1254 T13a/3X与T13a/4X和搭铁间电压	电压标准值为2.6 V(CAN-H),2.4 V(CAN-L)

续上表

序号	操作示意图	操作方法	备注
5			
6		断开电源（位于OFF挡），测量J1254 T13a/3#与4#间电阻	电阻标准值为60 Ω左右
7		测量J1254 T13a/4至J533 T40aa/2间线束电阻	电阻应小于1 Ω
8		维修J1254 T13a/4至J533 T40aa/2线束	电阻应小于1 Ω

五 检查

用故障诊断仪 VW VAS 6150E 读取故障码,根据诊断仪读出故障类型。
(1)关闭点火开关。
(2)将故障诊断仪连接到汽车故障诊断接口(U31)。
(3)按照诊断仪上的提示读出故障码(DTC)。
(4)清除故障码。
(5)再次读取故障码(根据是否依然存在故障码,在相应的横线上画√)。
是_____ 否_____
(6)验证仪表灯是否正常工作。
(7)整理,恢复作业场地。

六 评估

活动总结

(一)请根据工作过程填写大众 ID.4 纯电动汽车仪表灯不亮故障诊断与排除任务工单

仪表灯不亮故障诊断与排除任务工单				班级:	
				姓名:	
1.车辆信息记录					
品牌		整车型号		生产年月	
驱动电机型号		动力蓄电池电量		行驶里程	
车辆识别代号					
2.作业场地准备					
是否设置隔离栏				□是 □否	
是否设置安全警示牌				□是 □否	
灭火器压力是否正常,灭火器是否在有效期内				□是 □否	
是否安装车辆挡块				□是 □否	

续上表

3.记录故障现象					

4.使用故障诊断仪读取故障码、数据流					
故障码					
数据流					

5.绘制相关电路图

6.故障检测				
检测对象	检测条件	检测值	标准值	结果判断

7.故障确认		
故障点	故障类型	维修措施

8.竣工检验		
仪表灯是否正常工作	□是	□否

9.作业场地恢复		
是否拆卸车内三件套	□是	□否
是否拆卸翼子板布	□是	□否
是否将高压警示牌等放至原位置	□是	□否
是否清洁、整理场地	□是	□否

新能源汽车电器故障诊断与排除

（二）请根据工作过程撰写大众 ID.4 纯电动汽车仪表灯不亮故障诊断与排除技术总结

大众 ID.4 纯电动汽车仪表灯不亮故障诊断与排除技术总结
1. 故障现象
2. 故障原因
3. 故障基本检查过程
4. 经验和不足

活动评价

根据学习过程评价表进行自评、互评、教师评价。

仪表灯不亮故障诊断与排除			实习日期：			
姓名：		班级：		学号：		教师签名：
自评：□熟练　□不熟练		互评：□熟练　□不熟练		师评：□合格　□不合格		
日期：		日期：		日期：		
仪表灯不亮故障诊断与排除【评分细则】						
序号	评分项	得分条件	得分	评分要求	自评	互评	师评
1	安全/8S/态度	□1）能进行工位 8S 操作 □2）能进行设备和工具安全检查 □3）能进行车辆安全防护操作 □4）能进行工具清洁、校准、存放操作 □5）能进行三不落地操作		满分 15 分，每未完成 1 项扣 3 分	□熟练 □不熟练	□熟练 □不熟练	□合格 □不合格

72

续上表

序号	评分项	得分条件	得分	评分要求	自评	互评	师评
2	专业技能能力	□1）能正确做数字绝缘测试仪开路检测并确认电阻无穷大 □2）能正确做数字绝缘测试仪短路检测并确认电阻小于1 Ω □3）能确认数字绝缘测试仪上"TEST"功能正常 □4）能正确检测仪表灯工作状态 □5）能正确地检修电路通断		满分50分，每未完成1项扣5分	□熟练 □不熟练	□熟练 □不熟练	□合格 □不合格
3	工具及设备的使用能力	□1）能正确地使用维修工具 □2）能正确地使用绝缘电阻仪 □3）能正确地使用万用表		满分10分，每未完成1项扣3分	□熟练 □不熟练	□熟练 □不熟练	□合格 □不合格
4	资料、信息查询能力	□1）能正确地使用维修手册查询资料 □2）能正确地记录所需维修信息		满分10分，每未完成1项扣3分	□熟练 □不熟练	□熟练 □不熟练	□合格 □不合格
5	数据判断和分析能力	□1）能判断位置灯是否正常工作 □2）能判断电路是否正常 □3）能判断电路绝缘性是否正常		满分10分，每未完成1项扣3分	□熟练 □不熟练	□熟练 □不熟练	□合格 □不合格
6	表单填写和报告撰写的能力	□1）字迹清晰 □2）语句通顺 □3）无错别字 □4）无涂改 □5）无抄袭		满分5分，每未完成1项扣1分	□熟练 □不熟练	□熟练 □不熟练	□合格 □不合格
总分：							

学习活动测评

一、填空题

1. 组合系统与各系统之间采用_____总线通信。
2. CAN-H 对 CAN-L 的电阻值一般为_____。
3. 大众 ID.4 组合仪表包括_____、数字组合仪表中的电量和续驶里程、行驶功率表、_____、警告和信息文本、维护周期显示、时间和日期、_____、售后服务菜单等内容。

4. 信息娱乐系统将一些重要的汽车系统结合成一个中央操作元件,提供车辆设置功能和_____。

5. 在下表空白处填入符号对应的指示灯名称。

灯符号	指示灯名称	灯符号	指示灯名称
(乌龟图标)		(乌龟图标)	
READY		(车辆警示图标)	
(发动机盖图标)		(充电插头图标)	
(车辆图标)		(充电桩图标)	

二、判断题

1. 大众ID.4仪表设备要想正常工作,必须通过总线或15电信号激活(唤醒)。
（   ）

2. 里程显示是指总里程表记录了车辆总的行驶里程。   （   ）

学习任务二

新能源汽车防盗系统工作异常故障诊断与排除

学习目标

知识目标

1. 能阅读维修工单,根据班组长的描述及防盗系统(包括智能钥匙系统和中控门锁系统)基本检查操作确认故障现象,填写车辆信息和故障信息。

2. 能查阅维修手册,分析新能源汽车防盗系统组成及工作原理,结合故障现象,分析故障原因,编制防盗系统工作异常故障诊断任务实施方案。

3. 能根据检测结果及故障原因分析,确定防盗系统维修项目,并征得班组长的同意。

4. 能根据故障诊断任务实施方案,参照维修手册,准备工具、仪器设备、耗材物料,使用诊断设备和工具,对防盗系统的元件、控制线路及控制模块等实施数据检测、故障码读取、故障部位查找、故障点修复作业。维修作业遵守汽车厂家操作规定、安全生产制度、环保管理制度及"8S"管理规定,养成良好的职业规则意识。

5. 能根据防盗系统运行性能要求对维修结果进行自检并记录结果和维修维护建议等信息,交给班组长检验。

6. 能撰写防盗系统维修技术总结,包括撰写故障现象、原因分析、排除方法,总结维修过程中经验和不足,并提出改进性建议。

技能目标

1. 具备正确使用新能源汽车常用拆卸工具的能力。
2. 具备规范拆卸与安装新能源汽车防盗系统总成的能力。
3. 具备识读新能源汽车防盗系统的控制电路并画出其控制电路简图的能力。
4. 具备对新能源汽车防盗系统故障现象制订故障诊断方案的能力。
5. 具备撰写新能源汽车防盗系统维修技术总结的能力。

素养目标

1. 提升抗压能力、抗挫能力。
2. 能够在工作过程中与小组其他成员合作、交流,养成团队合作意识,锻炼沟通

新能源汽车电器故障诊断与排除

能力。

3. 具备与本专业职业发展相适应的劳动素养、劳动技能。
4. 履行道德准则和行为规范,具备社会责任感和社会参与意识。

建议学时

40 学时

学习活动

学习活动 1　新能源汽车智能钥匙系统故障诊断与排除
学习活动 2　新能源汽车中控门锁系统故障诊断与排除

学习活动 1　新能源汽车智能钥匙系统故障诊断与排除

资讯

情境描述

一辆大众 ID.4 纯电动汽车进场维修,客户(由教师或学生扮演)反映汽车不能起动,仪表显示"未检测到钥匙"。经确认故障现象后,需要对智能钥匙系统进行检修。

学生接受大众 ID.4 纯电动汽车智能钥匙系统故障诊断与排除任务后,与客户充分沟通,在规定时间内进行工作任务确认,生成环检问检单;通过查阅维修手册,结合故障分析,编制智能钥匙系统故障诊断任务实施方案,包括诊断步骤、时间及人员安排、所需工具、注意事项等;以独立或小组合作的方式,按照任务实施方案和作业流程,参照维修手册,准备工具、仪器设备、耗材物料,使用诊断设备和工具,对车辆智能钥匙系统进行基本检查、故障码读取等作业;自检合格后,填写任务工单并进行质量检验;同时,学生应在教师指导下总结任务实施过程,撰写任务实施指导书。学生在工作过程中要具有成本意识,遵守现场工作管理规范。

任务要求

请你根据任务情境描述,在规定的时间内,分别完成大众 ID.4 纯电动汽车智能钥匙系统故障诊断与排除的方案编制和故障的基本检查实施:

(1) 请列出需要和车主沟通的内容;

（2）请完成车辆的环车检查，填写好环检问检单；

（3）请查阅该车型的维修手册，查看大众 ID.4 纯电动汽车智能钥匙系统的电路图，列出可能的故障原因，并说明理由；

（4）请根据情境描述的故障现象，查阅维修手册等资料，制定一份尽可能详细的汽车智能钥匙系统故障诊断与排除的解决方案，并全面而细致地说明采取此方案的理由；

（5）请查阅维修手册，对汽车智能钥匙系统进行基本检查；

（6）请列出在汽车智能钥匙系统基本检查过程中需要注意的事项。

 任务分组

全班学生分成若干个学习小组，每小组 4~6 人。

班组长：负责任务布置，组员分工。

服务顾问：负责接待问诊，基本检查，故障现象确认。

配件管理员：负责耗材准备。

工具管理员：负责工具设备准备，维修资料查阅。

维修技师：负责实施维修操作。

车间主管：负责实施维修质量检验。

计划

知识链接

目前很多汽车上均具备无钥匙进入和无钥匙启动功能，业内称为 Kessy 系统（Keyless Entry Start & Exit Security System），有的整车厂也称为 PEPS 系统（Passive Entry & Passive Start System）。

大众车系智能钥匙系统称为 Kessy 系统（无钥匙进入和一键启动），它可以在不操作遥控钥匙的情况下，解锁或锁止汽车，同时只要轻轻按下启动按键即可实现车辆的起动或熄火。如有一把有效遥控钥匙在接收器的有效范围内，同时触摸车门把手上的传感区或按压行李舱盖上的按钮，就能打开车门，不再需要钥匙。起动车辆时，车主开门进入车内后，无须拿出钥匙，只要踩住制动踏板，轻按一键启动按钮，发动机即被起动，一键启动和无钥匙进入整合在一起，就称为 Kessy 系统。

Kessy 系统由发射器、接收器、遥控中央锁控制单元、无钥匙系统控制单元及相关线束组成的控制系统组成。其基本原理是：当有一把有效遥控钥匙在接收器的有效范围内，则 Kessy 系统会将访问权限授予该钥匙，紧接着就可以在不主动操作遥控钥匙的情况下执行以下功能。

（1）无钥匙解锁：通过前门把手或行李舱盖上的按钮将汽车解锁。

(2)无钥匙起动:起动发动机并行驶,为此在车内必须有一把有效的遥控钥匙。

(3)无钥匙闭锁:通过驾驶员侧车门或前排乘员侧车门某一拉手,将汽车锁止。

1. Kessy系统的组成

一汽大众ID.4电动车系装配了接线端控制单元,它一方面充当车载电网控制单元与电子点火锁操作元件之间的连接件,用于进行接线端控制;另一方面还用于模拟新增的点火起动按键的接线端。接线端控制单元仅与Kessy系统(具备无钥匙进入功能)配套安装实现一键启动功能。该系统的相关组成部件包括:进入及起动系统接口J965(Kessy控制单元)、Kessy钥匙、车载电网控制单元J519、网关J533、电子转向柱锁ELV、发动机控制单元J623、进入及起动许可天线、点火起动按键E378(ZAT起动按钮)、天线及车门把手接触传感器等部件。如图2-1所示。

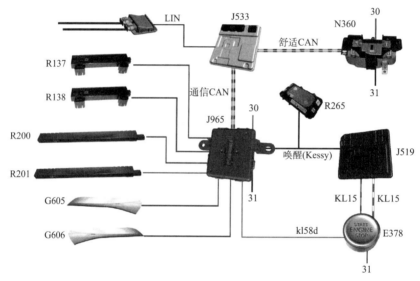

图2-1 Kessy系统组成

2. 智能钥匙使用方法

(1)车钥匙的功能。

车钥匙的功能如图2-2所示。

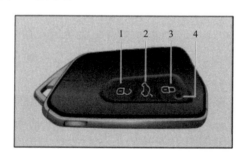

图2-2 车辆钥匙
1-车辆解锁按钮;2-行李舱盖解锁按钮;3-锁车按钮;4-指示灯

①解锁车辆。所有转向灯闪烁两次。
②仅解锁行李舱盖。所有转向灯闪烁两次。
③锁好车辆。所有转向灯闪烁一次。
④如果所有车门和行李舱盖均已关闭,则按下按钮时指示灯会闪烁。

(2)无钥匙锁定和起动系统"Keyless Access"。

无钥匙进入功能允许在不主动使用车钥匙的情况下解锁和锁定车辆。为达到此目的,有效的车钥匙必须在车辆附近。

无钥匙锁定和起动系统中无钥匙进入的功能可以在信息娱乐系统的车辆菜单中设置。如果禁用无钥匙进入功能,系统的功能会受到限制。开启该功能时,触摸门把手内侧的传感器,所有转向灯闪烁两次,可以解锁车辆,触摸传感器两次即可解锁整个车辆,如图2-3所示。当用户接近车辆时,可以使用"接近时解锁车辆"功能。为此,必须在信息娱乐系统中激活该功能,并且车辆钥匙必须位于车辆的操作范围内。在图2-4中天线有效范围内检测到车钥匙,车辆解锁,所有转向灯闪烁两次。触摸门把手外侧传感器,所有转向灯闪烁一次,车门锁定。

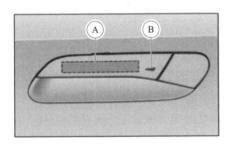

图2-3 门把手
A-开门感应区;B-锁门感应区

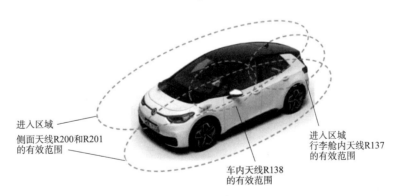

图2-4 天线有效范围

3. Kessy系统无钥匙进入工作原理

一汽大众ID.4 CORSS的无钥匙进入系统由以下几个部分组成:车门把手传感器、钥匙、天线、进入及起动系统接口、数据总线诊断接口、车载电网控制单元、车门控制单元等。一汽大众ID.4 CROSS的无钥匙进入系统功能如图2-5所示。

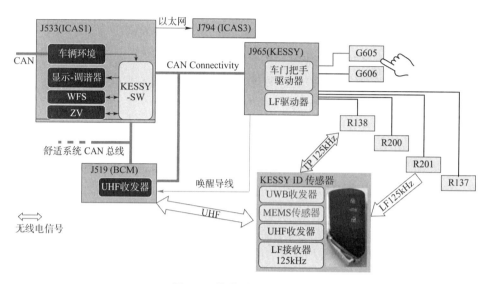

图 2-5 无钥匙进入系统功能图

无钥匙进入系统工作流程如下：触碰前车门把手传感器，如图 2-6 所示，车门把手传感器（左前门 G605/右前门 G606）通过 T8at/2-T32ad/9（左前车门）或 T8au/2-T32ad/5（右前车门）的 SIG 信号线把信号传输至进入及起动系统接口 J965，如图 2-7 所示，J965 通过通信 CAN 把信息传输至数据总线诊断接口 J533，如图 2-8 所示，J533 得到信号后再通过通信 CAN 输出指令至 J965，使 J965 驱动进入及起动系统天线向外发射低频信号，搜索有效范围内的有效钥匙，钥匙接收到天线发射的信号后会对该信号进行验证，若验证匹配成功，车钥匙会短闪一下表示应答，J965 接收到钥匙的应答信号后，若钥匙距离车辆在 1.5 m 内，会由通信 CAN 传输信息至 J533，同时通过 SIG 线唤醒车载电网控制单元 J519，如图 2-9 所示，J519 此时向外发射一个与钥匙相匹配的高频信号询问钥匙，钥匙应答器接收到此信号后，长闪一次发送解锁信号（相当于按下解锁按钮），J519 接收到此信号后会通过通信 CAN 传输信息至 J533 验证钥匙是否正确，如正确则解除车身防盗系统，并通过舒适 CAN 由 J533 向相应系统发布解锁指令：驾驶员侧和前排乘员侧控制单元（J386、J387）根据该指令解锁车门，并控制两边的外后视镜警告灯闪烁；后部左/右车门控制单元（J388、J389）收到指令则解锁两边的后部车门。

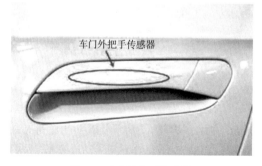

图 2-6 车门外把手传感器

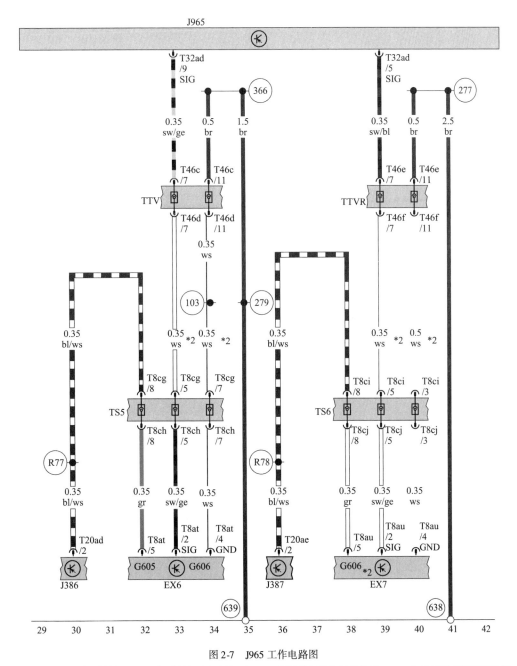

图 2-7　J965 工作电路图

J965-进入及起动系统接口；EX6-驾驶员侧车门外把手；EX7-前排乘员侧车门外把手；G605-左前车门外把手接触传感器；G606-右前车门外把手接触传感器

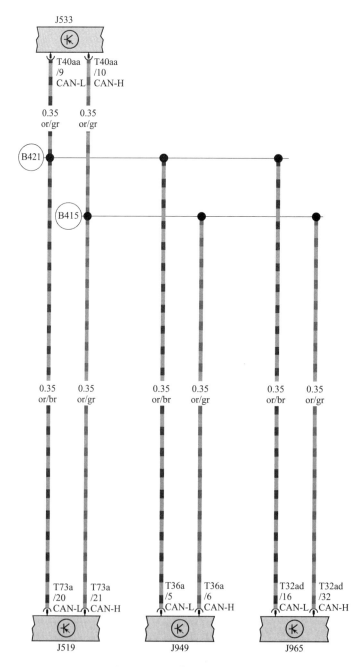

图 2-8 J533 工作电路图（局部）

J533-数据总线诊断接口；J519-车载电网控制单元；J949-紧急呼叫模块和通信单元控制单元；J965-进入及启动系统接口

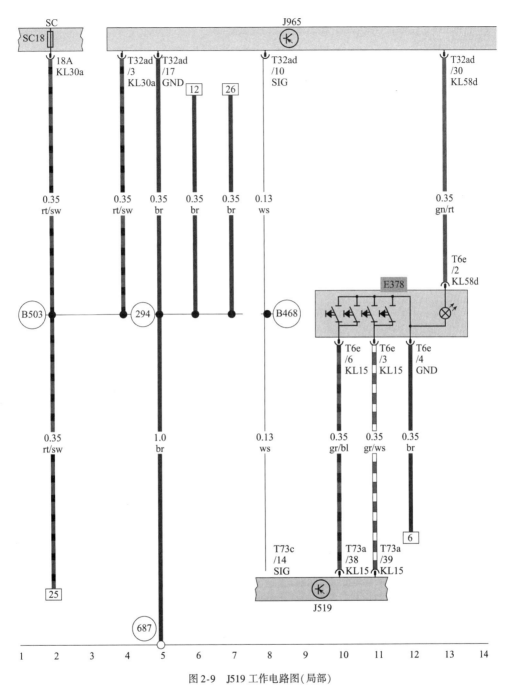

图 2-9 J519 工作电路图(局部)

E378-启动装置按钮;J519-车载电网控制单元;SC-熔断丝架 C

　　行李舱盖的无钥匙进入原理与此类似,不过按压行李舱盖解锁按钮时仅解锁行李舱盖。

　　ID.4 CROSS 还可以无感进入:当车辆感应到钥匙靠近车辆 1.5 m 范围内时,车辆自动解锁,此时只需要进入车辆,踩下制动踏板并挂 D 挡即可驾驶车辆。

新能源汽车电器故障诊断与排除

任务确认

1. 明确工作任务

（1）请认真阅读工作情境描述，用彩笔标记关键词，并用一句话总结你需要完成的任务及要求。

工作要求

（2）现需要与班组长进行沟通并确认车辆等相关信息，请你列出需要问的问题。

序号	问题
1	
2	
3	
4	
5	

2. 车辆 PDI 检查

检查包括车内检查项目、车外观检查项目、机舱检查项目、行李舱检查项目和上升举升机检查项目，具体项目与学习任务一的学习活动1相同。

3. 故障现象确认

（1）打开点火开关，观察仪表显示，出现关于智能钥匙故障的警告信息。

（2）执行高压上电程序，观察仪表显示。

进一步确认故障现象为：_____。

4. 环检问诊单填写

请根据沟通内容、故障现象以及环车检查填写完成环检问诊单。

某店车辆环检问诊单

是否预约　　是□　否□　车牌号＿＿＿＿＿＿　接车时间：　年　月　日　时　分

基本信息	车主□ 送修人□	姓名		车型		购车日期	
		电话		备用电话		总里程	
		VIN 码				EV 里程	

顾客描述	维　护：□首次维护　　　□强制维护　　　□一般维护　　　□常规维护 发动机：□难起动　　　　□怠速不稳　　　□动力不足　　　□油耗高 　　　　□易熄火　　　　□抖动　　　　　□加速不良 异　响：□发动机　　　　□底盘　　　　　□行驶　　　　　□变速器 　　　　□制动　　　　　□仪表台　　　　□座椅或车门 灯　亮：□发动机故障灯　□SVS 灯　　　　□ABS 灯　　　　□空气囊灯 　　　　□机油压力报警灯□胎压报警灯　　□EPS 灯/REPS 灯□ESP 灯 　　　　□充电系统灯　　□动力系统故障灯□电机故障灯　　□主警告指示灯 　　　　□动力蓄电池故障灯□发动机冷却液报警灯　□电机冷却液报警灯 空　调：□不制冷　　　　□异响　　　　　□有异味　　　　□出风冷热不均 漏　水：□冷却液　　　　□车身　　　　　□天窗　　　　　□前风窗玻璃 　　　　□后风窗玻璃 漏　油：□发动机　　　　□变速器　　　　□制动　　　　　□转向 事　故：□保险事故整形油漆　□局部整形补漆 具体描述(5W2H)：
物品确认 (有打√,无打×)	□备胎　□随车工具　□灭火器　□点烟器　□警示牌　□充电线 □其他＿＿＿＿＿＿
环车检查	内饰检查□　　　　　外观检查□ 检查结果：良好打√　　异常打×
服务顾问提醒	1. 维修旧件(非索赔件)处理：□顾客要求带走　□顾客选择不带走 2. 维修后洗车：　　　□洗车　　　　□不洗车 3. 维修后充电：　　　□充电　　　　□不充电 　　　　　　　　　　□预估充电用时＿＿＿＿＿＿ 4. 已提醒您将车内贵重物品带离车辆并妥善保管。□已确认 服务顾问＿＿＿＿＿＿　　　顾客签字＿＿＿＿＿＿
服务/技术顾问 初步建议	 签名：

油量

电量　＿＿%

新能源汽车电器故障诊断与排除

续上表

维修班组诊断结果	维修项目	所需备件	备件确认	索赔确认
			□有 □无	□是 □否
			□有 □无	□是 □否
			□有 □无	□是 □否

三 决策

故障信息

（1）连接故障诊断仪 VW VAS 6150E，按下一键启动开关，打开故障诊断仪，进入数据总线诊断接口，读取并记录相关故障码与数据流。车辆下电后清除故障码，车辆再次上电后，使用故障诊断仪再次读取故障码并和之前的故障码进行对比，分析故障码的性质。

故障码	故障含义
U109300	进入和起动系统控制单元的唤醒导线断路/对地短路
数据流	数据流相应参数

（2）查阅维修手册或维修资料，并在下方图框处画出大众ID.4智能钥匙系统的电路图。

（3）根据电路图分析大众 ID.4 智能钥匙系统的故障原因，讨论并完成下面的故障分析图（思维导图）。

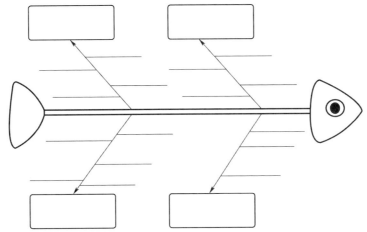

（4）通过查阅维修手册，结合故障分析，编制智能钥匙系统故障诊断实施方案。

诊断步骤

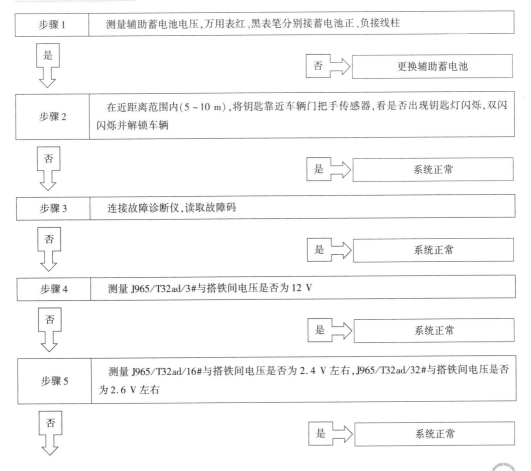

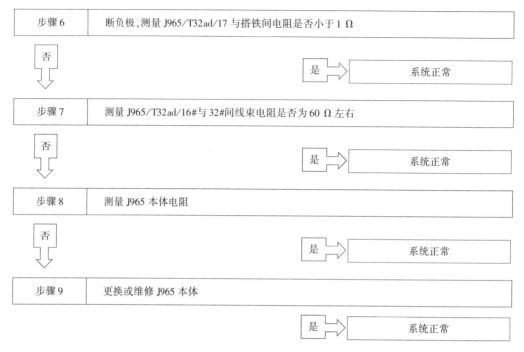

（1）确认钥匙是否正常工作。

（2）确认修理完成。

人员安排

请小组商量后，决定每个小组成员的角色及任务分工。

班级		组号		指导教师	
组长		角色及任务分工			
组员1		角色及任务分工			
组员2		角色及任务分工			
组员3		角色及任务分工			
组员4		角色及任务分工			
组员5		角色及任务分工			

工具准备

请根据相应的故障诊断需求，列出所需的工具设备清单。

序号	工具及材料名称	单位	数量	备注
1	汽车防护套装(车内和车外)	套		
2	常用维修工具(视车型而定)	套		
3	实训车辆	台		
4	解码仪(视车型而定)	个		
5	元件	套		

注意事项

请根据操作条件及故障诊断的需求,列举出各工序的注意事项。

序号	维修工序内容	注意事项
1	查阅维修手册,读取故障信息,制订操作流程	
2	智能钥匙系统线路检测	
3	元件、模块更换	
4	复检	

四、实施

序号	操作示意图	操作方法	备注
1		测量辅助蓄电池电压,万用表红、黑表笔分别接蓄电池正、负接线柱	电压标准值为 11 ~ 14 V
2		连接故障诊断仪,读取故障码	确认故障信息

续上表

序号	操作示意图	操作方法	备注
2			
3		在近距离范围内(5~10 m),将钥匙靠近车辆门把手传感器	确认钥匙是否工作正常(钥匙灯闪烁,双闪闪烁并解锁车辆说明工作正常)
4		测量 J965/T32ad/3#与搭铁间电压	电压标准值为 11~14 V

续上表

序号	操作示意图	操作方法	备注
5		测量 J965/T32ad/16#和32#与搭铁间电压	电压标准值分别为 2.4 V 左右和 2.6 V 左右
6		断负极，测量 J965/T32ad/17 与搭铁间电阻	电阻应小于 1 Ω

续上表

序号	操作示意图	操作方法	备注
7		测量 J965/T32ad/16# 与 32# 间线束电阻	电阻标准值为 60 Ω 左右
8		测量 J965 本体 16# 与 32# 间电阻	电阻标准值为 7 kΩ 左右
9		维修或更换 J965 本体	电阻标准值为 7 kΩ 左右

五、检查

用故障诊断仪 VW VAS 6150E 读取故障码,根据诊断仪读出故障类型。
(1)关闭点火开关。
(2)将故障诊断仪连接到汽车故障诊断接口(DLC3)。
(3)按照诊断仪上的提示读出故障码(DTC)。
(4)清除故障码。

(5)再次读取故障码(根据是否依然存在故障码,在相应的横线上画√)。
是_____ 否_____

六 评估

活动总结 》》》

(一)请根据工作过程填写大众ID.4纯电动汽车智能钥匙系统故障诊断与排除任务工单

智能钥匙系统故障诊断与排除任务工单		班级:	
		姓名:	
1.车辆信息记录			
品牌	整车型号		生产年月
驱动电机型号	动力蓄电池电量		行驶里程
车辆识别代号			
2.作业场地准备			
是否设置隔离栏		□是	□否
是否设置安全警示牌		□是	□否
灭火器压力是否正常,灭火器是否在有效期内		□是	□否
是否安装车辆挡块		□是	□否
3.记录故障现象			
4.使用故障诊断仪读取故障码、数据流			
故障码			
数据流			
5.绘制相关电路图			

续上表

6.故障检测				
检测对象	检测条件	检测值	标准值	结果判断

7.故障确认		
故障点	故障类型	维修措施

8.竣工检验	
智能钥匙系统是否正常工作	□是　□否
9.作业场地恢复	
是否拆卸车内三件套	□是　□否
是否拆卸翼子板布	□是　□否
是否将高压警示牌等放至原位置	□是　□否
是否清洁、整理场地	□是　□否

(二)请根据工作过程撰写大众ID.4纯电动汽车智能钥匙系统故障诊断与排除技术总结

大众ID.4纯电动汽车智能钥匙系统故障诊断与排除技术总结
1.故障现象
2.故障原因
3.故障基本检查过程
4.经验和不足

活动评价

根据学习过程评价表进行自评、互评、教师评价。

智能钥匙系统故障诊断与排除		实习日期：	
姓名：	班级：	学号：	教师签名：
自评：□熟练 □不熟练	互评：□熟练 □不熟练	师评：□合格 □不合格	
日期：	日期：	日期：	
智能钥匙系统故障诊断与排除【评分细则】							

序号	评分项	得分条件	得分	评分要求	自评	互评	师评
1	安全/8S/态度	□1）能进行工位8S操作 □2）能进行设备和工具安全检查 □3）能进行车辆安全防护操作 □4）能进行工具清洁、校准、存放操作 □5）能进行三不落地操作		满分15分，每未完成1项扣3分	□熟练 □不熟练	□熟练 □不熟练	□合格 □不合格
2	专业技能能力	□1）能正确地拆装智能钥匙控制模块 □2）能正确地拆装智能钥匙线束插接器 □3）能正确地检测智能钥匙控制模块		满分50分，每未完成1项扣5分	□熟练 □不熟练	□熟练 □不熟练	□合格 □不合格
3	工具及设备的使用能力	□能正确地使用维修工具		满分10分，每未完成1项扣3分	□熟练 □不熟练	□熟练 □不熟练	□合格 □不合格
4	资料、信息查询能力	□1）能正确地使用维修手册查询资料 □2）能正确地记录所需维修信息		满分10分，每未完成1项扣3分	□熟练 □不熟练	□熟练 □不熟练	□合格 □不合格
5	数据判断和分析能力	□1）能判断智能钥匙控制模块的好坏 □2）能判断熔断器的好坏		满分10分，每未完成1项扣3分	□熟练 □不熟练	□熟练 □不熟练	□合格 □不合格

续上表

序号	评分项	得分条件	得分	评分要求	自评	互评	师评
6	表单填写和报告撰写的能力	□1）字迹清晰 □2）语句通顺 □3）无错别字 □4）无涂改 □5）无抄袭		满分5分，每未完成1项扣1分	□熟练 □不熟练	□熟练 □不熟练	□合格 □不合格
总分：							

学习活动测评

一、填空题

1. Kessy系统是由_____、接收器、遥控中央锁控制单元、_____及相关线束组成的控制系统。

2. 如果车辆长时间未解锁，"_____"功能将被停用。该功能将在下一次锁定操作时重新激活。

3. 车辆在速度超过约_____km/h时自动锁定。当车辆锁止时，中控锁按钮中的指示灯将呈_____亮起。

4. 当信息娱乐系统中的"中控锁、所有车门"和"_____"被激活时，在行李舱盖打开和关闭后，车辆仍保持_____状态。

5. 无钥匙进入可以在_____系统中永久停用。

二、判断题

1. 解锁车辆，所有转向灯闪烁两次。　　　　　　　　　　　　　（　　）
2. 仅解锁行李舱盖，所有转向灯闪烁两次。　　　　　　　　　　（　　）
3. 锁好车辆，所有转向灯闪烁两次。　　　　　　　　　　　　　（　　）
4. 如果按下按钮时车钥匙中的指示灯不闪烁，则必须更换车钥匙中的纽扣电池。
　　　　　　　　　　　　　　　　　　　　　　　　　　　　　（　　）
5. 触摸门把手内侧的传感器，所有转向灯闪烁一次。　　　　　　（　　）
6. 触摸传感器两次即可解锁整个车辆。　　　　　　　　　　　　（　　）
7. 触摸车门外把手传感器，所有转向灯闪烁一次。　　　　　　　（　　）

三、简答题

简述大众ID.4纯电动汽车Kessy系统的工作原理。

学习活动2　新能源汽车中控门锁系统故障诊断与排除

一、资讯

情境描述

一辆大众ID.4纯电动汽车进场维修,客户(由教师或学生扮演)反映汽车中控门锁系统工作异常。经确认故障现象后,需要对中控门锁系统进行检修。

学生接受大众ID.4纯电动汽车中控门锁系统故障诊断与排除任务后,与客户充分沟通,在规定时间内进行工作任务确认,生成环检问诊单;通过查阅维修手册,结合故障分析,编制中控门锁系统故障诊断任务实施方案,包括诊断步骤、时间及人员安排、所需工具、注意事项等;以独立或小组合作的方式,按照任务实施方案和作业流程,参照维修手册,准备工具、仪器设备、耗材物料,使用诊断设备和工具,对车辆中控门锁系统进行基本检查、故障码读取等作业;自检合格后,填写任务工单并进行质量检验;同时,学生应在教师指导下总结任务实施过程,撰写任务实施指导书。学生在工作过程中要具有成本意识,遵守现场工作管理规范。

任务要求

请根据任务情境描述,在规定的时间内,分别完成大众ID.4纯电动汽车中控门锁系统故障诊断与排除的方案编制和故障的基本检查实施:

(1)请列出需要和车主沟通的内容;

(2)请完成车辆的环车检查,填写好环检问诊单;

(3)请查阅该车型的维修手册,查看大众ID.4纯电动汽车中控门锁系统的电路图,列出可能的故障原因,并说明理由;

(4)请根据情境描述的故障现象,查阅维修手册等资料,制定一份尽可能详细的中控门锁系统故障诊断与排除的解决方案,并全面而细致地说明采取此方案的理由;

(5)请查阅维修手册,对车辆中控门锁系统进行基本检查;

(6)请列出在汽车中控门锁系统基本检查过程中需要注意的事项。

任务分组

全班学生分成若干个学习小组,每小组4~6人。

新能源汽车电器故障诊断与排除

班组长:负责任务布置,组员分工。
服务顾问:负责接待问诊,基本检查,故障现象确认。
配件管理员:负责耗材准备。
工具管理员:负责工具设备准备,维修资料查阅。
维修技师:负责实施维修操作。
车间主管:负责实施维修质量检验。

知识链接

为了使汽车更加安全舒适,现代轿车多数都安装了中控门锁系统。可以实现如下功能:

(1)将驾驶员车门锁扣按下时,其他几个车门及行李舱盖都能自动锁定;如用钥匙锁门,也会同时锁好其他车门和行李舱盖。

(2)将驾驶员车门锁扣拉起时,其他几个车门及行李舱盖锁扣都能同时打开;用钥匙开门,也可以实现该动作。

(3)在车室内个别车门需打开时,可分别拉开各自的锁扣。

1. 中控门锁系统的结构

中控门锁系统的零件安装位置如图2-10所示。

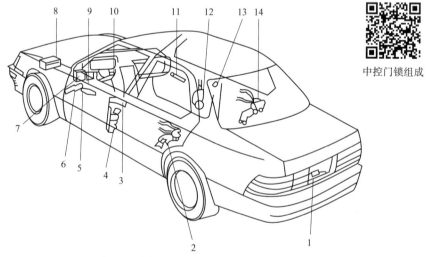

中控门锁组成

图2-10 中控门锁系统的零件安装位置

1-行李舱盖控器电磁阀;2-左后门锁电动机及位置开关;3-门锁控制开关;4-左前门锁电动机、位置开关及门锁开关;5-左前门锁控制开关;6-No.1 接线盒门控线路断路器;7-防盗和门锁控制 ECU 及门锁控制继电器;8-No.2 接线盒、熔断丝;9-行李舱盖控器开关;10-点火开关;11-右前门锁控制开关;12-右前门锁电动机、位置开关和门锁开关;13-右前门钥匙控制开关;14-右后门锁电动机及位置开关

（1）门锁总成。

门锁总成主要是由门锁开关、门锁传动机构和门锁壳体等组成的。门锁开关用来检测车门的开闭情况,当车门关闭后,门锁开关断开;车门开启时,门锁开关接通。门锁传动机构由电动机、齿轮和位置开关等组成。当门锁电动机转动时,蜗杆带动齿轮转动。齿轮推动锁杆,车门被锁上或打开,然后齿轮在复位弹簧的作用下返回原位置,防止操纵门锁钮时电动机工作。位置开关在锁杆推向锁门位置时断开,推向开门位置时接通。

中控门锁系统所采用的门锁总成,都是电动门锁。常用的电动门锁有直流电动机式、电磁线圈式、双向压力泵等。

直流电动机式:通过控制直流电动机的正、反转实现门锁的开、关动作。主要由双向直流电动机、门锁开关、连杆操纵机构、继电器及导线等组成,直流电动机式中控门锁如图2-11所示。驾乘人员可以利用门锁开关接通或断开门锁继电器。

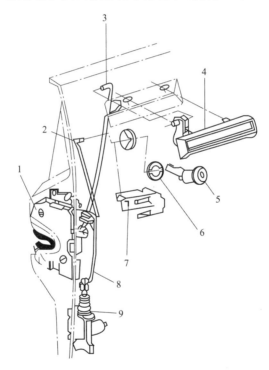

图2-11 直流电动机式中控门锁
1-门锁总成;2-锁芯至门锁连杆;3-外门锁把手至门锁连杆;4-外门锁把手;5-锁芯;6-垫圈;7-锁芯定位架;8-电动机至门锁连杆;9-门锁电动机

中控门锁电路图如图2-12所示。

电磁线圈式:电磁线圈式门锁执行机构如图2-13所示,当给锁门线圈通正向电流时,衔铁带动连杆左移,锁门;当给开门线圈通反向电流时,衔铁带动连杆右移,开门。

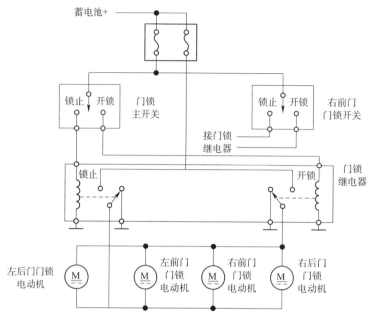

图 2-12 中控门锁电路图

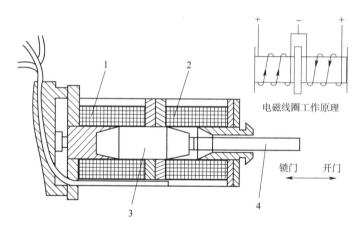

图 2-13 电磁线圈式门锁执行机构
1-锁门线圈；2-开门线圈；3-柱塞；4-连接门锁机构

(2) 中控门锁开关。

中控门锁开关安装在左前门和右前门的内侧扶手上，在车内控制全车车门的开启与锁止。其常与电动门窗开关组合在一起。

(3) 钥匙控制开关。

钥匙控制开关装在左前门和右前门的外侧门锁上。当从车外用车门钥匙开车门或锁车门时，便使全车车门同时锁止或打开，车门钥匙的功能是实现在车门外面锁车或打开车门锁，同时车门钥匙也是点火开关、燃油箱、行李舱等全车设置锁的地方共用的钥匙。

(4)行李舱盖开启器开关。

行李舱盖开启器开关位于仪表板下面,拉动此开关便能打开行李舱盖。不同车的行李舱盖开启器开关有所不同,行李舱盖开启器开关操作时,先用钥匙顺时针旋转,打开行李舱盖开启器主开关,然后使用行李舱盖开启器开关打开行李舱盖。

(5)行李舱盖开启器。

行李舱盖开启器装在行李舱盖上,由轭铁、插棒式铁芯、电磁线圈和支架组成。轴连接行李舱盖锁,当电磁线圈通电时,插棒式铁芯将轴拉入并打开行李舱盖。线路短路器用以防止电磁线圈因电流过大而过热。

(6)门控开关。

门控开关用来检测车门的开闭情况。车门打开时,门控开关接通;车门关闭时,门控开关断开。

2. 中控门锁系统的功能

(1)内外开启与内外锁止功能。

(2)中央控制锁止功能。

(3)驾驶员门防误锁功能。

当驾驶员侧的内部锁止开关在锁止位置时,关上车门后,该车门也不能锁止,以防止钥匙忘在车内而车门被锁止。

有些车型为了防止钥匙锁在车内,设置了钥匙开锁报警开关。钥匙开锁报警开关探测点火钥匙是否插进钥匙门内,当钥匙在钥匙门内时,钥匙开锁报警开关电路接通报警;当钥匙离开钥匙门时,取消报警。

(4)后车门儿童锁止功能。

中控门锁系统设有后车门儿童安全锁止功能,防止车内儿童擅自打开车门。只有当中控门锁系统在"开锁"状态时,儿童安全锁闩才能退出。

也有的车锁是当儿童安全锁闩拨到锁止位置时,在车内用内扣手不能开门,而在车外用外扣手可以开门。

3. 车门控制单元

(1)车门控制单元(J386~J389)。

车门控制单元和电机有些是分别安装的,有些是集成到一起的。驾驶员侧车门控制单元J386的安装位置如图2-14所示。控制单元用于控制下列用电器:中央门锁电动机,车门警报灯,上、下车灯,车门内把手照明,车门环境照明。

驾驶员车门还安装有驾驶员车门锁状态发光二极管、中央门锁安全指示灯。

前车门还安装有后视镜调节电机,后视镜收折电机,加热式车外后视镜,自动防眩目后视镜,驾驶员和前排乘员一侧的车外后视镜的上、下车灯。

(2)车门控制单元与舒适系统中央控制单元(J393)。

在舒适系统中央控制单元J393失效时,驾驶员侧的车门控制单元J386会控制中央门锁。如果驾驶员侧的车门控制单元J386与舒适系统中央控制单元J393之间的通信有故障,如图 2-15 所示,那么其他车门控制单元直接使用驾驶员侧的车门控制单元的信息,在这种情况下,就无法通过遥控或 Advanced Key(高级钥匙)来打开车门了。

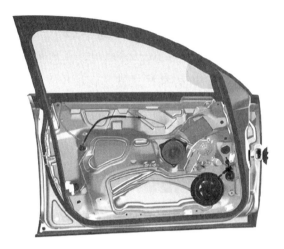

图 2-14　驾驶员侧车门控制单元 J386 的安装位置

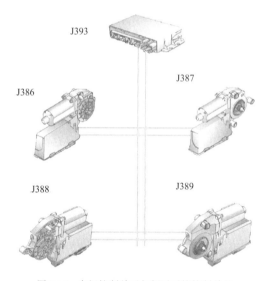

图 2-15　车门控制单元与舒适系统控制单元

4. 大众 ID.4 中控门锁控制原理

大众 ID.4 纯电动汽车的驾驶员侧和前排乘员侧都有中控门锁,后排门锁单元除不带中控门锁单元外,其他与驾驶员侧电路类似。下面以驾驶员侧中控门锁控制和前排乘员侧中控门锁控制为例进行分析。

(1)驾驶员侧中控门锁控制过程。

驾驶员侧中控门锁控制单元 F220 上分布有 2 个内联锁按钮,分别为"开锁"与"闭锁"。电路图如门锁单元 4 脚通过控制单元 J386 内部搭铁。车门状态信号(关车门 F2

断开,开车门 F2 闭合)送 J386 进行处理,并发至舒适系统 CAN 总线,当车门未关时,接通点火开关后仪表上会有"车门未关"报警提示。遥控器开锁或闭锁控制单独按一次遥控器"开锁"按钮,只能单独开启驾驶员侧门锁,如连续按 2 次"开锁"按钮,则开启所有车门锁及行李舱锁。只按一下遥控器的"闭锁"按钮,门锁处于安全锁止状态,如连续按 2 次"闭锁"按钮,则所有车门锁及行李舱锁处于闭锁状态。

当按下车内驾驶员侧中控门锁控制单元 F220"开锁"或"闭锁"按钮,信号通过门锁单元 5 脚送给控制单元 J386,由 J386 内部判别后将控制命令发至舒适系统 CAN 总线,同时由 J386 控制"门锁单元",实现开锁或闭锁。

驾驶员侧中控门锁可以控制行李舱盖的开锁,当按下遥控钥匙的相应按键,J386 通过 T32c/23 针脚与 E233 控制单元取得联系,接收到开锁信号,通过 CAN 与行李舱盖控制单元通信,控制打开行李舱盖锁(图 2-16)。

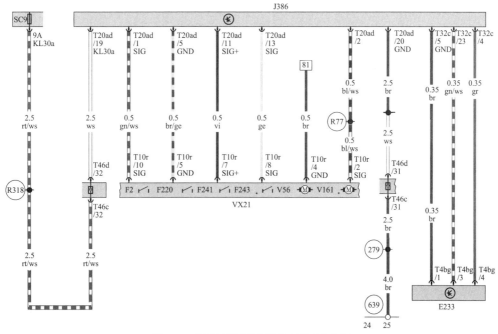

图 2-16 驾驶员侧中控门锁控制单元电路图

E233-行李舱盖遥控开锁按钮;F2-驾驶员侧车门接触开关;F220-驾驶员侧中央门锁控制单元;F241-驾驶员侧锁芯中的接触开关;F243-驾驶员侧车门内中央门锁 Safe 功能指示灯;J386-驾驶员侧车门控制单元;VX21-驾驶员侧车门闭锁单元;V56-驾驶员侧车门中央门锁电机;V161-驾驶员侧车门内中央门锁 Safe 功能电机

(2)前排乘员侧中控门锁控制过程。

前排乘员侧中控门锁控制过程与驾驶员侧中控门锁控制过程大体相当,电源经过 SC26 熔断丝,通过 T20ae/19 针脚为控制单元 J387 供电,当按下前排乘员侧车门闭锁单元 VX22 中车门接触开关 F3,VX22 通过 T10s/2 针脚向 J387 发送信号,J387 通过 T20ae/12、T20ae/13、T20ae/5 针脚控制前排乘员侧车门中央门锁电机 V57 的动作,实现开锁(图 2-17)。

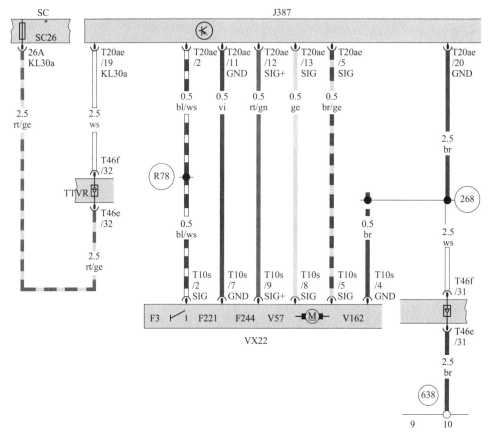

图 2-17 前排乘员侧中控门锁控制单元电路图

F3-前排乘员侧车门接触开关;F221-前排乘员侧中央门锁闭锁单元;F244-前排乘员侧车门内中央门锁 Safe 功能执行元件;J387-前排乘员侧车门控制单元;VX22-前排乘员侧车门闭锁单元;V57-前排乘员侧车门中央门锁电机;V162-前排乘员侧车门内中央门锁 Safe 功能电机

（3）行李舱盖锁控制电路。

行李舱盖锁可通过遥控钥匙开启,前文已描述,工作电路如图 2-16 所示。另外通过触摸行李舱盖上的门锁开关,也可实现开锁与闭锁,行李舱盖工作电路如图 2-18 所示,按下行李舱盖把手 EX37,则开锁按钮 E234 触点接通,J519 通过 T73a/32 针脚信号被拉低来接收开锁信息,然后通过 T73a/9 针脚控制行李舱盖闭锁单元 VX25 的中央门锁电机 V53 动作,实现开锁,同时接通行李舱照明开关 F5,点亮行李舱照明灯。大众 ID.4 电动汽车的行李舱盖可以实现电动关闭功能,按下行李舱盖闭锁按钮 E574,通过 T6aa/2 针脚与行李舱盖控制单元 J605 的 T32ae/14 针脚通信,同时通过 T6aa/1 针脚与 J519 的 T73c/53 针脚通信,发送相应的请求信号给 J519,实现闭锁。

（4）自动落锁。

当车速高于 15 km/h 时,车速信号经由动力系统 CAN 总线传送至网关 J533,在 J533 内部信号转换后发出"闭锁"信号并送舒适系统 CAN 总线,再由各车门控制单元接收,驱动相应门锁单元工作。

新能源汽车防盗系统工作异常故障诊断与排除 | 学习任务二

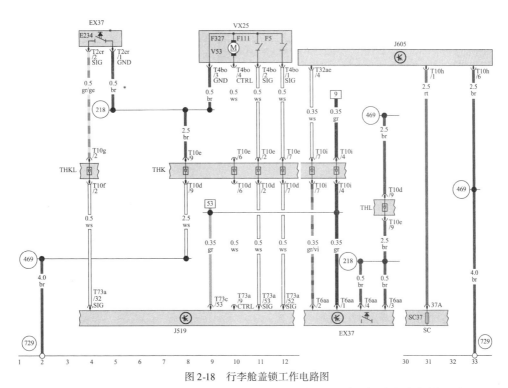

图 2-18 行李舱盖锁工作电路图

EX37-行李舱盖把手；E234-行李舱盖把手中的解锁按钮；F5-行李舱照明开关；F111-行李舱接触开关；F327-行李舱盖中的中央门锁闭锁单元；J519-车载电网控制单元；J605-行李舱盖控制单元；VX25-行李舱盖闭锁单元；V53-行李舱盖中中央门锁电机

任务确认

1. 明确工作任务

（1）请认真阅读工作情境描述，用彩笔标记关键词，并用一句话总结你需要完成的任务及要求。

工作要求

(2) 现需要与班组长进行沟通并确认车辆等相关信息,请你列出需要问的问题。

序号	问题
1	
2	
3	
4	
5	

2. 车辆 PDI 检查

检查包括车内检查项目、车外观检查项目、机舱检查项目、行李舱检查项目和上升举升机检查项目,具体项目与学习任务一的学习活动 1 相同。

3. 故障现象确认

(1) 打开点火开关,观察仪表显示,出现关于门锁故障的警告信息。

(2) 执行高压上电程序,观察仪表显示。

进一步确认故障现象为:_____。

4. 环检问诊单填写

请根据沟通内容、环车检查以及故障现象填写完成环检问诊单。

某店车辆环检问诊单

是否预约　　是□　否□　　车牌号_____　接车时间:　年　月　日　时　分

基本信息	车主□　送修人□	姓名		车型		购车日期	
		电话		备用电话		总里程	
		VIN 码				EV 里程	
顾客描述	维　护:□首次维护 发动机:□难起动 　　　　□易熄火 异　响:□发动机 　　　　□制动 灯　亮:□发动机故障灯 　　　　□机油压力报警灯 　　　　□充电系统灯 　　　　□动力蓄电池故障灯 空　调:□不制冷 漏　水:□冷却液 　　　　□后风窗玻璃 漏　油:□发动机 事　故:□保险事故整形油漆 具体描述(5W2H):		□强制维护 □怠速不稳 □抖动 □底盘 □仪表台 □SVS 灯 □胎压报警灯 □动力系统故障灯 □发动机冷却液报警灯 □异响 □车身 □变速器 □局部整形补漆		□一般维护 □动力不足 □加速不良 □行驶 □座椅或车门 □ABS 灯 □EPS 灯/REPS 灯 □电机故障灯 □电机冷却液报警灯 □有异味 □天窗 □制动		□常规维护 □油耗高 □变速器 □空气囊灯 □ESP 灯 □主警告指示灯 □出风冷热不均 □前风窗玻璃 □转向	

续上表

物品确认 (有打√,无打×)	□备胎　　□随车工具　　□灭火器　　□点烟器　　□警示牌　　□充电线 □其他_____	油量 电量 ___%
环车检查	内饰检查□　　　　　外观检查□ 检查结果:良好打√　　异常打×	
服务顾问提醒	1. 维修旧件(非索赔件)处理:□顾客要求带走　　□顾客选择不带走 2. 维修后洗车:　　　　□洗车　　　　　□不洗车 3. 维修后充电:　　　　□充电　　　　　□不充电 　　　　　　　　　　□预估充电用时_____ 4. 已提醒您将车内贵重物品带离车辆并妥善保管。□已确认 服务顾问_____　　　　　　顾客签字_____	
服务/技术顾问 初步建议	签名:	

维修班组 诊断结果	维修项目	所需备件	备件确认	索赔确认
			□有□无	□是□否
			□有□无	□是□否
			□有□无	□是□否

三　决策

故障信息

（1）连接故障诊断仪 VW VAS 6150E,按下一键启动开关,打开故障诊断仪,进入数据总线诊断接口,读取并记录相关故障码与数据流。车辆下电后清除故障码,车辆再次上电后,使用故障诊断仪再次读取故障码并和之前的故障码进行对比,分析故障码的性质。

故障码	故障含义

续上表

数据流	数据流相应参数

（2）查阅维修手册或维修资料，并在下方图框处画出大众 ID.4 中控门锁系统的电路图。

（3）根据电路图分析大众 ID.4 中控门锁系统的故障原因，讨论并完成下面的故障分析图（思维导图）。

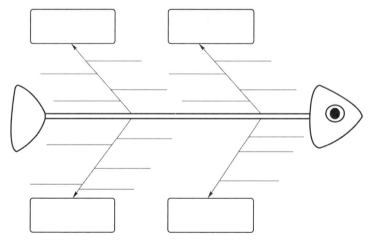

（4）通过查阅维修手册，结合故障分析，编制中控门锁系统故障诊断实施方案。

诊断步骤

| 步骤1 | 测量辅助蓄电池电压,万用表红、黑表笔分别接蓄电池正、负接线柱 |

是↓ 否→ 更换辅助蓄电池

| 步骤2 | 在近距离范围内(5~10 m),将钥匙靠近车门把手传感器,看是否出现钥匙灯闪烁,双闪闪烁并解锁车辆 |

否↓ 是→ 钥匙正常

| 步骤3 | 连接故障诊断仪,读取故障码 |

否↓ 是→ 系统正常

| 步骤4 | 测量J386/T20ad/19#与搭铁间电压是否为12 V |

否↓ 是→ 系统正常

| 步骤5 | 测量J386/T20ad/14#与搭铁间电压是否为2.4 V左右,J386/T20ad/15#与搭铁间电压是否为2.6 V左右 |

否↓ 是→ 系统正常

| 步骤6 | 断负极,测量J386/T20ad/20#与搭铁间电阻是否小于1 Ω |

否↓ 是→ 系统正常

| 步骤7 | 测量J386/T20ad/14与15#间线束电阻是否为60 Ω左右 |

否↓ 是→ 系统正常

| 步骤8 | 测量J386本体19#与20#间电阻是否为1.5 MΩ |

否↓ 是→ 系统正常

步骤9	更换或维修 J386 本体

是 ⇒ 系统正常

(1)确认门锁是否正常工作。
(2)确认修理完成。

人员安排 »»»

请小组商量后,决定每个小组成员的角色及任务分工。

班级		组号		指导教师	
组长		角色及任务分工			
组员1		角色及任务分工			
组员2		角色及任务分工			
组员3		角色及任务分工			
组员4		角色及任务分工			
组员5		角色及任务分工			

工具准备 »»»

请根据相应的故障诊断需求,列出所需的工具设备清单。

序号	工具及材料名称	单位	数量	备注
1	汽车防护套装(车内和车外)	套		
2	常用维修工具(视车型而定)	套		
3	实训车辆	台		
4	解码仪(视车型而定)	个		
5	元件	套		

注意事项 »»»

请根据操作条件及故障诊断的需求,列举出各工序的注意事项。

序号	维修工序内容	注意事项
1	查阅维修手册,读取故障信息,制订操作流程	
2	中控门锁系统线路检测	
3	元件、模块更换	
4	复检	

四、实施

序号	操作示意图	操作方法	备注
1		测量辅助蓄电池电压,万用表红、黑表笔分别接蓄电池正、负接线柱	电压标准值为 11~14 V
2		连接故障诊断仪,读取故障码	确认故障信息

续上表

序号	操作示意图	操作方法	备注
3		在近距离范围内(5~10 m),将钥匙靠近车门把手传感器	确认钥匙是否工作正常(钥匙灯闪烁,双闪闪烁并解锁车辆说明工作正常)
4		测量 J386/T20ad/19#与搭铁间电压	电压标准值为11~14 V
5		测量 J386/T20ad/14#和15#与搭铁间电压	电压标准值分别为2.4 V 左右和 2.6 V 左右

续上表

序号	操作示意图	操作方法	备注
5			
6		断负极，测量 J386/T20ad/20#与搭铁间电阻	电阻应小于1Ω
7		测量 J386/T20ad/14#与15#间线束电阻	电阻标准值为60Ω左右
8		测量 J386 本体19#与20#间电阻	确认电阻是否符合标准值

续上表

序号	操作示意图	操作方法	备注
9		维修或更换 J386 本体	确认电阻是否符合标准值

五 检查

用故障诊断仪 VW VAS 6150E 读取故障码,根据诊断仪读出故障类型。

（1）关闭点火开关。

（2）将故障诊断仪连接到汽车故障诊断接口（DLC3）。

（3）按照诊断仪上的提示读出故障码（DTC）。

（4）清除故障码。

（5）再次读取故障码（根据是否依然存在故障码,在相应的横线上画√）。

是_____ 否_____

六 评估

活动总结

（一）请根据工作过程填写大众 ID.4 纯电动汽车中控门锁系统故障诊断与排除任务工单

中控门锁系统故障诊断与排除任务工单		班级：	
		姓名：	
1. 车辆信息记录			
品牌		整车型号		生产年月	
驱动电机型号		动力蓄电池电量		行驶里程	
车辆识别代号			

续上表

2.作业场地准备		
是否设置隔离栏	□是	□否
是否设置安全警示牌	□是	□否
灭火器压力是否正常,灭火器是否在有效期内	□是	□否
是否安装车辆挡块	□是	□否

3.记录故障现象

4.使用故障诊断仪读取故障码、数据流				
故障码				
数据流				

5.绘制相关电路图

6.故障检测				
检测对象	检测条件	检测值	标准值	结果判断

7.故障确认		
故障点	故障类型	维修措施

8.竣工检验		
中控门锁系统是否正常工作	□是	□否

续上表

9.作业场地恢复		
是否拆卸车内三件套	□是	□否
是否拆卸翼子板布	□是	□否
是否将高压警示牌等放至原位置	□是	□否
是否清洁、整理场地	□是	□否

(二)请根据工作过程撰写大众ID.4纯电动汽车中控门锁系统故障诊断与排除技术总结

大众ID.4纯电动汽车中控门锁系统故障诊断与排除技术总结
1.故障现象
2.故障原因
3.故障基本检查过程
4.经验和不足

 **活动评价**

根据学习过程评价表进行自评、互评、教师评价。

中控门锁系统故障诊断与排除				实习日期：			
姓名：		班级：		学号：		教师签名：	
自评：□熟练　□不熟练		互评：□熟练　□不熟练		师评：□合格　□不合格			
日期：		日期：		日期：			
中控门锁系统故障诊断与排除【评分细则】							
序号	评分项	得分条件	得分	评分要求	自评	互评	师评
1	安全/8S/态度	□1）能进行工位8S操作 □2）能进行设备和工具安全检查 □3）能进行车辆安全防护操作 □4）能进行工具清洁、校准、存放操作 □5）能进行三不落地操作		满分15分，每未完成1项扣3分	□熟练 □不熟练	□熟练 □不熟练	□合格 □不合格
2	专业技能能力	□1）能正确地拆装中控门锁系统 □2）能正确地拆装中控门锁系统线束插接器 □3）能正确地检测中控门锁系统		满分50分，每未完成1项扣5分	□熟练 □不熟练	□熟练 □不熟练	□合格 □不合格
3	工具及设备的使用能力	□能正确地使用维修工具		满分10分，每未完成1项扣3分	□熟练 □不熟练	□熟练 □不熟练	□合格 □不合格
4	资料、信息查询能力	□1）能正确地使用维修手册查询资料 □2）能正确地记录所需维修信息		满分10分，每未完成1项扣3分	□熟练 □不熟练	□熟练 □不熟练	□合格 □不合格
5	数据判断和分析能力	□1）能判断中控门锁系统的好坏 □2）能判断熔断器的好坏		满分10分，每未完成1项扣3分	□熟练 □不熟练	□熟练 □不熟练	□合格 □不合格
6	表单填写和报告撰写的能力	□1）字迹清晰 □2）语句通顺 □3）无错别字 □4）无涂改 □5）无抄袭		满分5分，每未完成1项扣1分	□熟练 □不熟练	□熟练 □不熟练	□合格 □不合格
总分：							

学习活动测评

一、填空题

1. 汽车中控门锁系统由_____、_____和_____等部件组成。
2. 汽车中控门锁系统的工作原理是通过_____控制电机的转动,从而实现门锁的_____和_____。
3. 汽车中控门锁系统的拆装过程中,需要注意先_____车辆的_____,以免造成不必要的损坏。
4. 在检测汽车中控门锁系统时,可以通过_____的方式来确认是否工作正常。
5. 汽车中控门锁系统的常见故障包括_____、_____和_____等。
6. 当汽车中控门锁系统出现电机失灵的情况时,可能需要_____来进行更换或维修。
7. 如果汽车中控门锁系统的控制单元发生故障,可能需要_____来修复。
8. 汽车中控门锁系统的常见故障检修通常需要_____和_____等工具。
9. 汽车中控门锁系统的检修过程中,应注意_____和_____,确保操作安全。
10. 汽车中控门锁系统的拆装过程中,应先_____,然后进行_____。

二、判断题

1. 中控门锁系统是由单一组件构成的。（　　）
2. 汽车中控门锁系统的工作原理是通过机械装置实现车门的锁定和解锁。（　　）
3. 在拆卸汽车中控门锁系统时,不需要断开车辆电源,直接进行拆卸即可。（　　）
4. 中控门锁系统的锁芯是起到传动作用的关键组件。（　　）
5. 中控门锁系统的电机异常声音可能是电机正常工作的表现。（　　）
6. 拆卸中控门锁系统时,应先检查电池电量,确保电量足够。（　　）
7. 中控门锁系统的远程控制失效可能是由电池电量过高引起的。（　　）
8. 电路板损坏可能导致中控门锁系统的远程控制失效。（　　）
9. 中控门锁系统的锁芯故障可能导致电池漏电。（　　）
10. 门锁频繁失灵可能是由电池电量过高引起的。（　　）

三、选择题

1. 汽车中控门锁系统的组成通常包括以下哪些部件？（　　）
   A. 电机、传感器、电路板　　B. 电机、锁芯、电路板
   C. 电机、锁舌、传感器　　D. 锁芯、锁舌、电路板
2. 汽车中控门锁系统是通过什么原理来工作的？（　　）
   A. 液压原理　　B. 电磁原理
   C. 机械原理　　D. 光学原理

3.汽车中控门锁系统的拆装与检测中,以下哪种操作是不安全的?(　　)
　　A.在车辆点火状态下进行操作　　B.使用正确的工具和装备进行拆装
　　C.拆下门锁时注意避免损坏车辆内饰　D.仔细检查门锁各部件的连接情况
4.下列哪种情况可能是汽车中控门锁系统出现的常见故障?(　　)
　　A.车门无法关闭　B.车门无法打开　C.锁芯失灵　D.电路板损坏
5.汽车中控门锁系统的电路板主要起到什么作用?(　　)
　　A.控制车门的开关　　　　　　B.提供锁芯的电源
　　C.控制车窗的上升和下降　　　D.传输无线信号给车钥匙
6.在汽车中控门锁系统的拆装过程中,下列哪项操作是应该最先执行的?(　　)
　　A.拆下门锁的外壳　　　　　　B.断开电路板的连接
　　C.移除车门内饰板　　　　　　D.使用螺丝刀拆下门锁螺丝
7.汽车中控门锁系统无法解锁的可能原因是什么?(　　)
　　A.电路板故障　B.电机失灵　C.锁芯卡死　D.传感器失效
8.在汽车中控门锁系统的常见故障排查过程中,下列哪种方法是最有效的?
(　　)
　　A.尝试多次解锁/锁定　　　　B.使用多功能诊断仪进行检测
　　C.盲目更换门锁零件　　　　　D.拆卸整个车门进行检查
9.汽车中控门锁系统在解锁时发出异常声音的可能原因是什么?(　　)
　　A.电路板损坏　B.电机过热　C.锁芯损坏　D.传感器失灵

四、简答题

1.中控门锁系统的组成有哪些?

_____

_____

2.中控门锁系统的功能是什么?

_____

_____

3.简单叙述中控门锁系统的原理。

_____

_____

学习任务三

新能源汽车视听系统工作异常故障诊断与排除

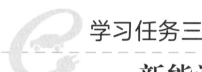

学习目标

知识目标

1. 能阅读维修工单,根据班组长的描述及视听系统(包括倒车影像系统和音响系统)基本检查操作确认故障现象,填写车辆信息和故障信息。

2. 能查阅维修手册,分析新能源汽车视听系统结构及工作原理,结合故障现象,分析故障原因,制定检修方案。

3. 能根据检测结果及故障原因分析,确定视听系统维修项目,并征得班组长的同意。

4. 能根据检修作业方案,按照电器相关检修项目的作业流程及规范,通过零部件替换、电路图识读、数据对比等方式方法,以独立或小组合作的方式,在规定时间内完成视听系统故障诊断与检修任务并填写维修记录。维修作业遵守汽车厂家操作规定、安全生产制度、环保管理制度及"8S"管理规定,养成良好的职业规则意识。

5. 能根据视听系统运行性能要求对维修结果进行自检并记录结果和维修维护建议等信息,交给班组长检验。

6. 能撰写视听系统维修技术总结,包括撰写故障现象、原因分析、排除方法,总结维修过程中经验和不足,并提出改进性建议。

技能目标

1. 具备正确使用新能源汽车常用拆卸工具的能力。
2. 具备规范拆卸与安装新能源汽车视听系统总成的能力。
3. 具备识读新能源汽车视听系统的控制电路并画出其控制电路简图的能力。
4. 具备对新能源汽车视听系统故障现象制定故障诊断方案的能力。
5. 具备撰写新能源汽车视听系统维修技术总结的能力。

素养目标

1. 提升抗压能力、抗挫能力。
2. 能够在工作过程中与小组其他成员合作、交流,养成团队合作意识,锻炼沟通能力。

3. 具备与本专业职业发展相适应的劳动素养、劳动技能。
4. 履行道德准则和行为规范,具备社会责任感和社会参与意识。

建议学时

20学时

学习活动

学习活动1　新能源汽车倒车影像系统故障诊断与排除
学习活动2　新能源汽车音响系统故障诊断与排除

学习活动1　新能源汽车倒车影像系统故障诊断与排除

一、资讯

情境描述

一辆大众ID.4纯电动汽车进厂维修,客户(由教师或学生扮演)反映车辆倒车时出现无倒车影像现象,经确认故障现象后,需要对该故障进行诊断与排除。

学生接受大众ID.4纯电动汽车倒车影像系统工作异常故障诊断与排除任务后,与客户充分沟通,在规定时间内进行工作任务确认,生成环检问诊单;通过查阅维修手册,结合故障分析,编制倒车影像系统工作异常故障诊断任务实施方案,包括诊断步骤、时间及人员安排、所需工具、注意事项等;以独立或小组合作的方式,按照任务实施方案和作业流程,参照维修手册,准备工具、仪器设备、耗材物料,使用诊断设备和工具,对车辆倒车影像系统的元件、控制线路及控制模块等实施数据检测、故障码读取、故障部位查找、故障点修复作业;自检合格后,填写任务工单并进行质量检验;同时,学生应在教师指导下总结任务实施过程,撰写任务实施指导书。学生在工作过程中要具有成本意识,遵守现场工作管理规范。

任务要求

请你根据任务情境描述,在规定的时间内,分别完成大众ID.4纯电动汽车倒车影像系统故障诊断与排除的方案编制和故障的基本检查实施:
(1)请列出需要和车主沟通的内容;

新能源汽车电器故障诊断与排除

（2）请完成车辆的环车检查，填写好环检问诊单；

（3）请查阅该车型的维修手册，查看大众 ID.4 纯电动汽车倒车影像系统的电路图，列出可能的故障原因，并说明理由；

（4）请根据情境描述的故障现象，查阅维修手册等资料，制定一份详细的汽车倒车影像系统故障诊断与排除的解决方案，并全面而细致地说明采取此方案的理由；

（5）请查阅维修手册，对车辆倒车影像系统进行基本检查；

（6）请列出在汽车倒车影像系统基本检查过程中需要注意的事项。

 任务分组

全班学生分成若干个学习小组，每小组 4~6 人。

班组长：负责任务布置，组员分工。

服务顾问：负责接待问诊，基本检查，故障现象确认。

配件管理员：负责耗材准备。

工具管理员：负责工具设备准备，维修资料查阅。

维修技师：负责实施维修操作。

车间主管：负责实施维修质量检验。

 二 计划

知识链接

1. 视觉传感器概述

视觉传感器，又称摄像机、摄像头，是将二维光强分布的光学图像转变成一维时序电信号的传感器。其在驾驶中有着举足轻重的地位，就像人的眼睛一样，摄像头结合图像识别技术，能快速识别车辆、行人和交通标志。所以它也是实现众多预警、识别类功能的基础。

2. 视觉传感器的基本组成

摄像头主要由镜头、镜头座、影像传感器（主要是 CCD/CMOS 器件）、DSP（Digital Signal Processing，数字信号处理）芯片等组成。

（1）镜头。

镜头的组成是透镜结构，如图 3-1 所示，由几片透镜组成，一般有塑胶透镜或玻璃透镜。通常摄像头用的镜头构造有 1P、2P、1G1P、1G2P、2G2P、4G 等。透镜越多，成本越高。

按照颜色分：可分为彩色镜头、黑白镜头。

按功能分：可分为固定镜头、变焦镜头。

按红外分：可分为 850 nm 镜头、940 nm 镜头、650 nm 镜头。

按焦距分:可分为 4 mm、6 mm、8 mm、12 mm、16 mm、25 mm 等几种焦距的镜头。

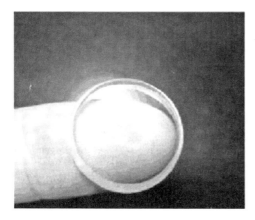

图 3-1　透镜结构

(2) 镜头座。

镜头座是用来固定镜头的,镜头是螺旋式固定在镜头座里面的,按照材质分类,镜头座常分为两类。

①塑胶镜头座:成本低,使用普遍。

②金属镜头座:成本高,散热性好。

(3) 影像传感器(主要是 CCD/CMOS 器件)。

影像传感器中的成像芯片(CCD/CMOS 器件),是摄像头的心脏,它们将光信号转变为电信号进行信息的传递。

(4) DSP 芯片。

DSP 芯片作用等同于个人计算机里的 CPU(中央处理器),它的功能主要是通过一系列复杂的数学算法,对由 CMOS(互补金属氧化物半导体)传感器传来的数字图像信号进行优化处理,并把处理后的信号通过 USB(通用串行总线)接口传到 PC(个人电脑)等设备上,是摄像头的核心设备。

3. 视觉传感器的工作原理

视觉传感器在纯电动汽车中实现物体的识别与跟踪功能。通过机器学习的方法,汽车可以识别在行驶途中遇到的物体,比如行人、车辆、交通信号、交通标志、车道线、道路边界和自由行驶空间等。如图 3-2 所示,图中框出来的内容即为视觉传感器感知的对象。

如图 3-3 所示,一般来说,计算机识别的过程主要包括:图像输入、预处理(如平滑滤波、二值化、灰度转化等)、特征提取(如形状特征、阴影特征等)、特征分类、模板匹配和完全识别等。

4. 汽车倒车影像系统概述

汽车倒车影像,又称倒车影像摄像头、泊车辅助系统或倒车可视系统,是一种用于辅助驾驶员在倒车时观察车辆后方及周边环境的电子设备。该系统通过安装在车辆后部的摄像头,将车辆后方的实时画面传输到车内显示屏上,使驾驶员能够直观地了解车辆后方的路况,从而避免碰撞、剐蹭等事故的发生。

图 3-2 视觉传感器检测效果图

图 3-3 视觉传感器识别流程

5. 汽车倒车影像系统组成

汽车倒车影像系统主要由摄像头、传输线路、显示屏和控制模块等部分组成。

(1)摄像头:摄像头是倒车影像系统的核心部件,负责捕捉车辆后方的实时画面。根据安装位置和性能特点的不同,摄像头可分为内置式和外置式两种。内置式摄像头通常安装在车辆行李舱盖内部或牌照框上方,具有安装方便、不易损坏等优点;外置式摄像头则安装在车辆后保险杠或车身侧面,具有视野更广、拍摄效果更清晰等特点。

(2)传输线路:传输线路负责将摄像头捕捉到的画面传输到车内显示屏上。传输线路的质量直接影响到画面的清晰度和稳定性。因此,在选择传输线路时,应选择质量可靠、抗干扰能力强的产品。

(3)显示屏:显示屏是倒车影像系统的输出设备,负责将摄像头捕捉到的画面显示给驾驶员观看。根据安装位置和显示方式的不同,显示屏可分为中控屏式、后视镜式和独立式等。中控屏式显示屏通常安装在车辆中控台上方,具有显示面积大、观看方便等优点;后视镜式显示屏则直接替代车辆原有的后视镜,具有不占用额外空间、一体化设计等特点;独立式显示屏则通过支架安装在车辆内部合适的位置,具有灵活性高等特点。

(4)控制模块:控制模块是倒车影像系统的核心控制部件,负责整个系统的运行和管理。控制模块通过接收来自摄像头、传输线路和显示屏的信号,对系统进行控制和调节,确保系统的正常运行和画面的清晰稳定。

6. 汽车倒车影像系统的功能特点

(1)实时画面传输:倒车影像系统能够实时将车辆后方的画面传输到车内显示屏上,使驾驶员能够直观地了解车辆后方的路况。

（2）自动切换画面：当驾驶员挂入倒挡时，系统会自动切换至倒车影像模式，并将摄像头捕捉到的画面显示在显示屏上。同时，系统还支持多画面切换功能，可以根据需要选择显示不同角度的画面。

（3）辅助线提示：倒车影像系统通常会在显示屏上叠加辅助线，以帮助驾驶员判断车辆与障碍物之间的距离和角度。这些辅助线包括红色、黄色和绿色等不同颜色的线条，分别表示不同的安全距离和警告级别。如图3-4所示。

（4）夜视功能：一些高端汽车倒车影像系统还具备夜视功能，能够在夜间或光线较暗的环境下依然保持清晰的画面效果。这主要得益于系统内置的夜视摄像头和图像处理技术。

图3-4　倒车影像辅助提示

（5）障碍物检测与报警：部分倒车影像系统还配备了障碍物检测功能，能够自动检测车辆后方的障碍物并发出警报声或震动提示。这有助于及时发现并避免潜在的危险情况。

7. 大众ID.4后视影像系统

大众ID.4后视影像系统安装在尾门上，可为驾驶员提供车后视野并在泊车时提供帮助。通过图3-5电路图分析可知倒车影像系统工作过程如下：

（1）供电。

倒车影像系统首先由蓄电池经SC21熔断丝供电，确保其获得足够的电力来正常工作。

（2）信号触发。

当驾驶员将车辆挂入倒挡时，车辆中的某个传感器（例如倒挡开关）会检测到这个动作，该传感器随后将倒挡信息发送给J533数据总线诊断接口。

（3）信号传输。

J533作为车辆的一个重要通信节点，通过CAN线将倒挡信号（也就是倒车信号）传输给J772倒车摄像系统控制单元。

（4）倒车摄像系统激活。

J772接收到来自J533的倒车信号后，会立即启动（或打开）摄像头，摄像头开始拍摄车辆后方的画面。

（5）视频传输。

摄像头拍摄到的视频信号通过以太网ETH－和ETH＋这两根视频传输线发送给J533；这两根线确保视频信号能够稳定、高效地传输。

（6）信息显示。

J533接收到视频信号后，会将其转发给车辆的信息娱乐系统（例如中控屏幕），信息娱乐系统随后将摄像头拍摄到的车辆后方区域图像显示在屏幕上。

(7)定向线功能。

为了帮助驾驶员更好地判断距离和方向,屏幕上的图像可能会包含一些定向线(例如,用于显示车辆预计的行驶轨迹或与障碍物的距离)。这些定向线根据不同的显示模式(例如,标准模式、广角模式等)进行调整,以提供最佳的驾驶辅助。

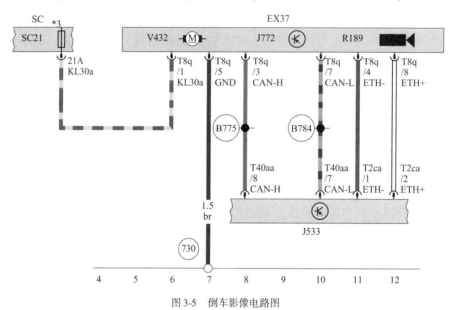

图 3-5 倒车影像电路图

EX37-行李舱盖把手;J533-数据总线诊断接口;J772-倒车摄像系统控制单元;R189-倒车摄像头;V432-徽标电机

任务确认

1. 明确工作任务

(1)请认真阅读工作情境描述,用彩笔标记关键词,并用一句话总结你需要完成的任务及要求。

工作要求

新能源汽车视听系统工作异常故障诊断与排除 | 学习任务三

(2)现需要与班组长进行沟通并确认车辆等相关信息,请你列出需要问的问题。

序号	问题
1	
2	
3	
4	
5	

2.环车检查

环车检查包括车内检查项目、车外观检查项目、机舱检查项目、行李舱检查项目和上升举升机检查项目,具体项目与学习任务一的学习活动1相同。

3.故障现象确认

打开点火开关,查看倒车影像,发现其不能正常工作。

进一步确认故障现象为:_____。

4.环检问诊单填写

请根据沟通内容、环车检查以及故障现象填写完成环检问诊单。

某店车辆环检问诊单

是否预约　是□　否□　　车牌号_____　接车时间:　年　月　日　时　分

基本信息	车主□ 送修人□	姓名		车型		购车日期	
		电话		备用电话		总里程	
		VIN码				EV里程	

顾客描述	
维　　护:□首次维护　　□强制维护　　□一般维护　　□常规维护
发动机:□难起动　　□急速不稳　　□动力不足　　□油耗高
□易熄火　　□抖动　　□加速不良
异　　响:□发动机　　□底盘　　□行驶　　□变速器
□制动　　□仪表台　　□座椅或车门
灯　　亮:□发动机故障灯　□SVS灯　□ABS灯　□空气囊灯
□机油压力报警灯　□胎压报警灯　□EPS灯/REPS灯　□ESP灯
□充电系统灯　□动力系统故障灯　□电机故障灯　□主警告指示灯
□动力蓄电池故障灯　□发动机冷却液报警灯　□电机冷却液报警灯
空　　调:□不制冷　　□异响　　□有异味　　□出风冷热不均
漏　　水:□冷却液　　□车身　　□天窗　　□前风窗玻璃
□后风窗玻璃
漏　　油:□发动机　　□变速器　　□制动　　□转向
事　　故:□保险事故整形油漆　□局部整形补漆
具体描述(5W2H):

续上表

物品确认 (有打√,无打×)	□备胎　□随车工具　□灭火器　□点烟器　□警示牌　□充电线 □其他_____	油量 电量 ____%
环车检查	内饰检查□　　　　　外观检查□ 检查结果:良好打√　异常打×	
服务顾问提醒	1.维修旧件(非索赔件)处理:□顾客要求带走　　□顾客选择不带走 2.维修后洗车:　　　□洗车　　　　　□不洗车 3.维修后充电:　　　□充电　　　　　□不充电 　　　　　　　　　　□预估充电用时_____ 4.已提醒您将车内贵重物品带离车辆并妥善保管。□已确认 服务顾问_____　　　　　顾客签字_____	
服务/技术顾问 初步建议	签名:	
维修班组 诊断结果	维修项目	所需备件	备件确认	索赔确认
			□有□无	□是□否
			□有□无	□是□否
			□有□无	□是□否

三　决策

故障信息

（1）连接故障诊断仪 VW VAS 6150E，按下一键启动开关，打开故障诊断仪，进入数据总线诊断接口，读取并记录相关故障码与数据流。车辆下电后清除故障码，车辆再次上电后，使用故障诊断仪再次读取故障码并和之前的故障码进行对比，分析故障码的性质。

故障码	故障含义
U164300	倒车摄像系统控制单元无通信

续上表

数据流	数据流相应参数

（2）查阅维修手册或维修资料，并在下方图框处画出大众ID.4倒车影像系统的电路图。

（3）根据电路图分析大众ID.4倒车影像系统的故障原因，讨论并完成下面的故障分析图（思维导图）。

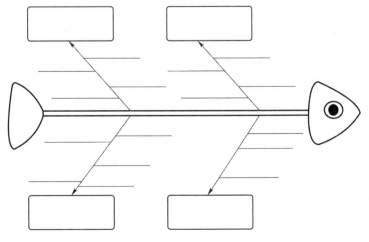

（4）通过查阅维修手册，结合故障分析，编制倒车影像系统故障诊断实施方案。

新能源汽车电器故障诊断与排除

诊断步骤

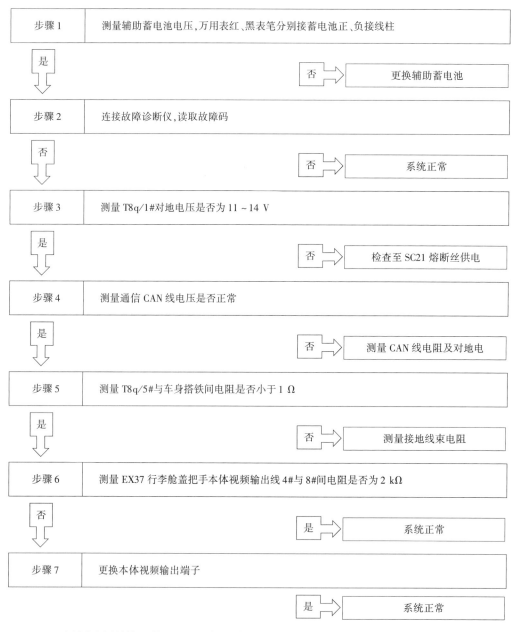

步骤1	测量辅助蓄电池电压,万用表红、黑表笔分别接蓄电池正、负接线柱	否→ 更换辅助蓄电池
步骤2	连接故障诊断仪,读取故障码	否→ 系统正常
步骤3	测量T8q/1#对地电压是否为11~14 V	否→ 检查至SC21熔断丝供电
步骤4	测量通信CAN线电压是否正常	否→ 测量CAN线电阻及对地电
步骤5	测量T8q/5#与车身搭铁间电阻是否小于1 Ω	否→ 测量接地线束电阻
步骤6	测量EX37行李舱盖把手本体视频输出线4#与8#间电阻是否为2 kΩ	是→ 系统正常
步骤7	更换本体视频输出端子	是→ 系统正常

(1)确认倒车影像系统是否正常工作。
(2)确认修理完成。

人员安排

请小组商量后,决定每个小组成员的角色及任务分工。

新能源汽车视听系统工作异常故障诊断与排除 | 学习任务三

班级		组号		指导教师	
组长		角色及任务分工			
组员1		角色及任务分工			
组员2		角色及任务分工			
组员3		角色及任务分工			
组员4		角色及任务分工			
组员5		角色及任务分工			

工具准备

请根据相应的故障诊断需求，列出所需的工具设备清单。

序号	工具及材料名称	单位	数量	备注
1	汽车防护套装(车内和车外)	套		
2	常用维修工具(视车型而定)	套		
3	实训车辆	台		
4	解码仪(视车型而定)	个		
5	元件	套		

注意事项

请根据操作条件及故障诊断的需求，列举出各工序的注意事项。

序号	维修工序内容	注意事项
1	查阅维修手册，读取故障信息，制订操作流程	
2	倒车影像线路检测	
3	元件、模块更换	
4	复检	

新能源汽车电器故障诊断与排除

四、实施

序号	操作示意图	操作方法	备注
1		测量辅助蓄电池电压,万用表红、黑表笔分别接蓄电池正、负接线柱	电压标准值为 11～14 V
2		观察仪表显示,挂入倒挡,看是否有倒车影像	确认故障现象(仪表显示倒车摄像头故障,挂入倒挡后无倒车影像)
3		连接故障诊断仪,读取故障码	确认故障信息
4		读取 J533 故障码	确认故障码(倒车摄像系统控制单元以太网无通信)

续上表

序号	操作示意图	操作方法	备注
5		拆下尾门倒车摄像头覆盖件	
6		测量 T8q/1#对地电压	电压标准值为 12~14 V
7		测量 T8q/3# CAN-H 电压	电压标准值为 2.8~2.9 V

续上表

序号	操作示意图	操作方法	备注
8		测量 T8q/7# CAN-L 电压	电压标准值为 2.3~2.5 V
9		测量本体 4# 与 8# 间电阻	电阻标准值为 1.9~2 kΩ
10		更换 EX37-行李舱盖把手	电阻应在 1.9~2 kΩ 范围内

五、检查

用故障诊断仪 VW VAS 6150E 读取故障码,根据诊断仪读出故障类型。
(1)关闭点火开关。
(2)将故障诊断仪连接到汽车故障诊断接口(U31)。
(3)按照诊断仪上的提示读出故障码(DTC)。
(4)清除故障码。
(5)再次读取故障码(根据是否依然存在故障码,在相应的横线上画√)。
是_____ 否_____
(6)验证倒车影像系统是否正常工作。
(7)整理,恢复作业场地。

六、评估

活动总结

(一)请根据工作过程填写大众 ID.4 纯电动汽车倒车影像系统故障诊断与排除任务工单

倒车影像系统故障诊断与排除任务工单		班级:	
		姓名:	
1. 车辆信息记录			
品牌		整车型号		生产年月	
驱动电机型号		动力蓄电池电量		行驶里程	
车辆识别代号			
2. 作业场地准备			
是否设置隔离栏		□是 □否	
是否设置安全警示牌		□是 □否	
灭火器压力是否正常,灭火器是否在有效期内		□是 □否	
是否安装车辆挡块		□是 □否	
3. 记录故障现象			

续上表

4.使用故障诊断仪读取故障码、数据流				
故障码				
数据流				

5.绘制相关电路图

6.故障检测				
检测对象	检测条件	检测值	标准值	结果判断

7.故障确认		
故障点	故障类型	维修措施

8.竣工检验		
倒车影像系统是否正常工作	□是	□否
9.作业场地恢复		
是否拆卸车内三件套	□是	□否
是否拆卸翼子板布	□是	□否
是否将高压警示牌等放至原位置	□是	□否
是否清洁、整理场地	□是	□否

(二)请根据工作过程撰写大众ID.4纯电动汽车倒车影像系统故障诊断与排除技术总结

大众ID.4纯电动汽车倒车影像系统故障诊断与排除技术总结
1.故障现象

续上表

大众 ID.4 纯电动汽车倒车影像系统故障诊断与排除技术总结
2. 故障原因
3. 故障基本检查过程
4. 经验和不足

活动评价

根据学习过程评价表进行自评、互评、教师评价。

倒车影像系统故障诊断与排除			实习日期：		
姓名：	班级：		学号：		教师签名：
自评：□熟练 □不熟练	互评：□熟练 □不熟练		师评：□合格 □不合格		
日期：	日期：		日期：		
倒车影像系统故障诊断与排除【评分细则】					
序号	评分项	得分条件	得分	评分要求	自评	互评	师评
1	安全/8S/态度	□1）能进行工位 8S 操作 □2）能进行设备和工具安全检查 □3）能进行车辆安全防护操作 □4）能进行工具清洁、校准、存放操作 □5）能进行三不落地操作		满分 15 分，每未完成 1 项扣 3 分	□熟练 □不熟练	□熟练 □不熟练	□合格 □不合格
2	专业技能能力	□1）能正确地拆装倒车影像系统线束插接器 □2）能正确地拆装倒车影像系统熔断器		满分 50 分，每未完成 1 项扣 5 分	□熟练 □不熟练	□熟练 □不熟练	□合格 □不合格

续上表

序号	评分项	得分条件	得分	评分要求	自评	互评	师评
3	工具及设备的使用能力	□能正确地使用维修工具		满分10分,每未完成1项扣3分	□熟练 □不熟练	□熟练 □不熟练	□合格 □不合格
4	资料、信息查询能力	□1)能正确地使用维修手册查询资料 □2)能正确地记录所需维修信息		满分10分,每未完成1项扣3分	□熟练 □不熟练	□熟练 □不熟练	□合格 □不合格
5	数据判断和分析能力	□1)能判断倒车影像系统的好坏 □2)能判断熔断器的好坏		满分10分,每未完成1项扣3分	□熟练 □不熟练	□熟练 □不熟练	□合格 □不合格
6	表单填写和报告撰写的能力	□1)字迹清晰 □2)语句通顺 □3)无错别字 □4)无涂改 □5)无抄袭		满分5分,每未完成1项扣1分	□熟练 □不熟练	□熟练 □不熟练	□合格 □不合格
总分:							

学习活动测评

一、填空题

1. 倒车影像系统主要由_____、_____、_____、_____四部分组成。

2. 倒车影像系统的功能特点包括_____、_____、_____、_____。

3. 倒车影像系统中 CAN 信号的 CAN-H 的电压为_____,CAN-L 的电压为_____。

4. 倒车影像系统电路图中 ETH 线为什么线?_____。

二、判断题

1. SC21 熔断丝影响倒车影像系统的工作。（　　）

2. 倒车影像系统中的 CAN-H 电压为 0 V 时,倒车影像系统能正常使用。（　　）

3. 发现 SC21 熔断丝损坏后可以直接更换一个新的熔断丝使用。（　　）

三、简答题

简述大众ID.4倒车影像系统的工作原理。

学习活动2 新能源汽车音响系统故障诊断与排除

情境描述 >>>

一辆大众ID.4纯电动汽车进厂维修,客户(由教师或学生扮演)反映车辆音响系统出现不能播放音乐故障,经确认故障现象后,需要对该故障进行诊断与排除。

学生接受大众ID.4纯电动汽车音响系统故障诊断与排除任务后,与客户充分沟通,在规定时间内进行工作任务确认,生成环检问诊单;通过查阅维修手册,结合故障分析,编制音响系统故障诊断任务实施方案,包括诊断步骤、时间及人员安排、所需工具、注意事项等;以独立或小组合作的方式,按照任务实施方案和作业流程,参照维修手册,准备工具、仪器设备、耗材物料,使用诊断设备和工具,对车辆音响系统的元件、控制线路及控制模块等实施数据检测、故障码读取、故障部位查找、故障点修复作业;自检合格后,填写任务工单并进行质量检验;同时,学生应在教师指导下总结任务实施过程,撰写任务实施指导书。学生在工作过程中要具有成本意识,遵守现场工作管理规范。

任务要求 >>>

请你根据任务情境描述,在规定的时间内,分别完成大众ID.4纯电动汽车音响系统故障诊断与排除的方案编制和故障的基本检查实施:

(1)请列出需要和车主沟通的内容;

(2)请完成车辆的环车检查,填写好环检问诊单;

(3)请查阅该车型的维修手册,查看大众ID.4纯电动汽车音响系统的电路图,列出可能的故障原因,并说明理由;

(4)请根据情境描述的故障现象,查阅维修手册等资料,制定一份详细的汽车音响系统故障诊断与排除的解决方案,并全面而细致地说明采取此方案的理由;

(5)请查阅维修手册,对车辆音响系统进行基本检查;

(6)请列出在汽车音响系统基本检查过程中需要注意的事项。

全班学生分成若干个学习小组,每小组4~6人。
班组长:负责任务布置,组员分工。
服务顾问:负责接待问诊,基本检查,故障现象确认。
配件管理员:负责耗材准备。
工具管理员:负责工具设备准备,维修资料查阅。
维修技师:负责实施维修操作。
车间主管:负责实施维修质量检验。

 计划

知识链接

1. 汽车音响系统的发展

随着世界电子工业的迅速发展,汽车音响从最早仅有 AM(调幅)收音机发展到现在,具备了 AM/FM/SW(调幅/调频/短波)收音、磁带放音、CD(小型镭射盘)放音、MD放音、DTA 数码音响、DSP(数码信号处理器)、电子分音器、电视接收系统、VCD(影音光碟)影视系统,形成了多功能、数字化、逻辑化、多性能、高指标、大功率输出的立体声系统。与家用音响相比,汽车音响系统具有以下特点。

(1)外形体积受到限制。
(2)使用环境恶劣。
(3)采用蓄电池低压直流供电。
(4)抗干扰能力强。
(5)调幅/调频接收灵敏度高,动态范围大。
(6)防盗。

汽车音响组成

汽车音响工作原理

2. 汽车音响系统的组成和原理

汽车音响系统主要由信号源、音源系统、放大器和扬声器等组成,图3-6是汽车音响系统的结构组成。

汽车音响系统的工作原理是由音源部分送来的各种信号,经音频放大器进行加工处理并放大,取得足够的功率去推动扬声器工作,发出与原声源相同且响亮得多的声音。同时,由于声音还要经过所在场所的空间才能传给听众欣赏,所以其音响效果既与音响系统的配置有关,也与听音场所的声学特性有着密切联系。

1)天线

天线用来接收广播电台的发射电波,一般有车身上伸出金属棒的柱式天线和嵌在窗玻璃上的隐藏式天线两种。有些汽车的柱式天线采用电动天线;还有的做成一个外部造型,附着在车身某个部位,如图3-7所示。

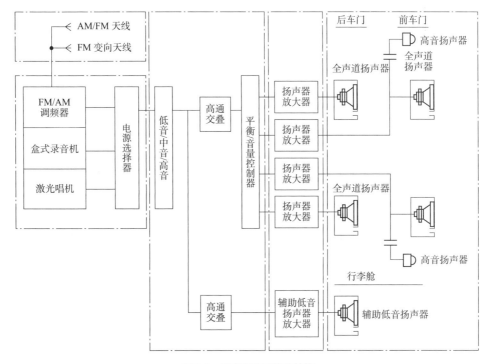

图3-6　汽车音响系统的结构

 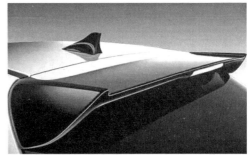

图3-7　汽车天线

车载隐藏式(印刷式)天线的布置位置有后窗、侧窗、前风窗、车顶、行李舱盖、防撞保险杠等。其中,有源后窗天线是运用最广、开发品种最多、接收效果最好的车载隐藏式天线。它利用汽车后窗除霜器印制电路图案,加上特殊设计的天线放大器及其附件,在保留其除霜功能的同时,使其成为AM/FM信号的有效接收单元。

随着GPS(全球定位系统)、因特网通信、卫星网络服务等功能的广泛应用,汽车的移动接收技术开发的重要性日益凸显,其中集成的隐藏式天线目前已成为最好的选择。

2)音源系统

音源系统(有时称为主机)有调谐器、磁带放音机、CD唱机、VCD/DVD影碟机等。

它们为音响系统提供音频或视频信号,其中,调谐器是指收放机(由收音机和磁带放音机组成)和 CD 唱机。

汽车碟片机使用的音源有 CD、MD、MP3(动态影像专家压缩标准音频层面 3)、VCD、DVD(高密度数字视频光盘)等,使用的是数字技术。

CD 唱机是基础产品。较高档的汽车 CD 唱机可以兼容 MD 和 MP3。

VCD 是 CD 和 DVD 之间的一个过渡产品,一般来说 VCD 的音质不如 CD,而整体又和 DVD 相差太大,品牌机中 VCD 产品不多。然而 VCD 和 CD 比,它可以播放图像,又比 DVD 价格低。因此,在改装汽车音响时常要做的一项工作就是将 CD 改为 VCD。

汽车 DVD 属汽车音响中的高端产品,它由一系列设备和系统组成,主要有控制主机及显示器、多碟背包(换片器)、音视频信号处理系统及电视机接收系统等,有些 DVD 还有电子地图、可视倒车雷达系统。

3)放大器

放大器将各种节目信号进行电压放大和功率放大,然后推动扬声器发出声音。放大器的原理如图 3-8 所示。

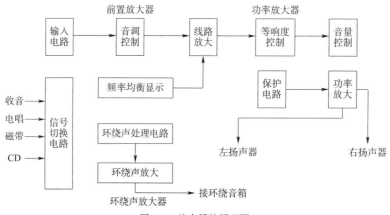

图 3-8 放大器的原理图

(1)前置放大器:前置放大器又称前级放大器,它连接信号源及控制信号的开关并对各种节目进行必要的处理和电压放大。前置放大器与信号源之间不是简单的连接,其内部还要设置各种均衡电路,用于实现前后级的阻抗匹配和频率补偿。前置放大器主要包括输入电路、音调控制和线路放大。

(2)功率放大器:功率放大器主要对前置放大器送来的电信号进行不失真的电流放大,形成强有力的功率信号去推动扬声器发声。

(3)环绕声放大器:环绕声能使听众更具有临场感,使人在欣赏音乐时有被声音环绕的感觉。

4)扬声器

扬声器主要指主扬声器和环绕扬声器等,是汽车音响系统的终端。主扬声器通常由低音扬声器、中音扬声器、高音扬声器和分频网络组成。一般环绕声只重放 7 kHz 以下的反射声,故只需一只中低音扬声器即可。扬声器口径大小和在车上安装方法、位置是决定音响性能的重要因素。为了欣赏立体声音响,车上最少要装两个扬声器。图 3-9 所示为各总成的配置。图 3-10 为扬声器实物图。

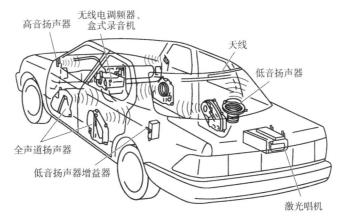

图 3-9　音响组件配置图

(1)低音扬声器。

两个低音扬声器放在后排放物台上,以产生低频回音效果,有的汽车为回音效果好装有更低频的超低频扬声器。一般采用 9 ~ 15 寸低频扬声器(行李舱),若为展示车用可在行李舱加装一套中高频扬声器。

注意:扬声器的分布要以整个音场频率配置均衡为主,扬声器输出功率小将失真。

①频响范围。

频响范围为 16 ~ 256 Hz,其中 16 ~ 64

图 3-10　汽车扬声器

Hz 聆听感觉为深沉、震撼;64 ~ 128 Hz 聆听感觉为浑厚,128 ~ 256 Hz 聆听感觉为丰满。

②表现特性。

具有强大震撼感,雄壮有力,丰满深沉。

(2)中音扬声器。

一般采用 6 寸中音扬声器,两个中音扬声器放在前车门。

①频响范围。

频响范围为 256 ~ 2 048 Hz,其中 256 ~ 512 Hz 聆听感觉为有力,512 ~ 1 024 Hz 聆听感觉为明亮,1 024 ~ 2 048 Hz 聆听感觉为透亮。

②表现特征。

人声还原逼真,音色干净、有力,节奏性强。

(3)高音扬声器。

高音扬声器两个前车门各放一个。高音扬声器也可以放在 A 柱处,整套配置为

1寸高音扬声器(A柱)、3寸或4寸中音扬声器(仪表台)、6寸或8寸中低音扬声器(门板)。

①频响范围。

频响范围为2 048 Hz~20 kHz,其中2 048~4 096 Hz聆听感觉为敏锐,4 096~8 192 Hz聆听感觉为清脆、多彩,8 192~16 384 Hz聆听感觉为层次分明,16 384 Hz~20 kHz聆听感觉为纤细。

②表现特征。

指向性强,声音明亮、清晰,层次分明,色彩丰富。

3. 大众ID.4音响系统

大众ID.4采用哈曼卡顿音响,一共有10个扬声器,包含4个高音扬声器、4个低音扬声器、1个低音炮以及1个中音扬声器。具体分布如下:

前排A柱的位置有2个高音扬声器,共2个扬声器;

前后四个车门内各有1个低音扬声器,共4个扬声器;

后排车门左右两侧各1个高音扬声器,共2个扬声器;

仪表盘内有1个中音扬声器;

行李舱底部有1个低音炮;

功率放大器位于行李舱左侧,功率放大器总输出功率可达700 W。

图3-11为大众ID.4扬声器分布图。

 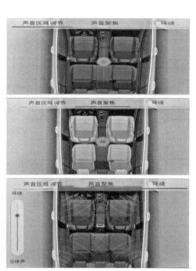

图3-11 大众ID.4扬声器分布

4. 大众ID.4音响系统结构与布线

图3-12为大众ID.4音响系统结构与布线。

(1)供电过程。

音响系统J525(通常是一个集成了数字声音处理功能的控制单元)首先由SC14

熔断丝供电。这个熔断丝确保了音响系统在汽车电气系统中能够安全、稳定地获得所需的电力，从而正常工作，如图 3-13 所示。

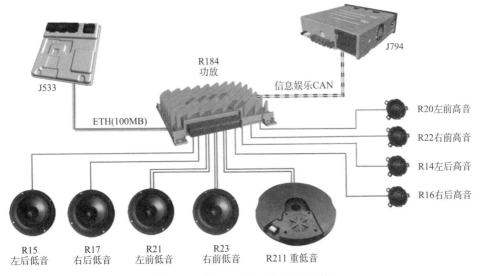

图 3-12　大众 ID.4 音响系统结构与布线

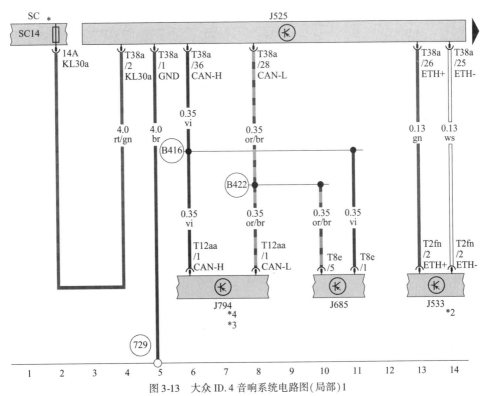

图 3-13　大众 ID.4 音响系统电路图（局部）1

J525-数字式声音处理系统控制单元；J794-电子通信信息设备 1 控制单元；J685-前部信息显示和操作单元控制单元的显示单元；J533-数据总线诊断接口

(2)信号输入。

当驾驶员操作 J685 前部信息显示系统(例如,调整音量、更换电台或选择音乐等)时,这些操作信号以及相关的音频信息会通过 CAN 总线传输给 J794-电子通信信息设备 1 控制单元。CAN 总线是汽车内部的一种通信协议,它允许不同的电子控制单元(ECU)之间进行数据交换。

(3)信号处理。

J794 接收到来自 J685 的信号后,会进行一系列的处理,包括解码(将数字信号转换成可播放的音频格式)、均衡(调整音频信号的频率响应,以改善音质)、混音(将多个音频信号混合成一个输出信号)等。

(4)信号传输到功放。

处理好的音频信号再次通过以太网传送到 J525 数字式声音处理系统控制单元。在这里,以太网的使用实现了音频信号的数字化传输,提高了信号的抗干扰能力和传输质量。

(5)信号放大。

J525 接收到这些经过处理的弱信号后,会将其放大,以驱动音箱。放大的过程是将音频信号的电压和/或电流增加到足够的水平,以便能够推动扬声器产生清晰、响亮的声音。如图 3-14 所示。

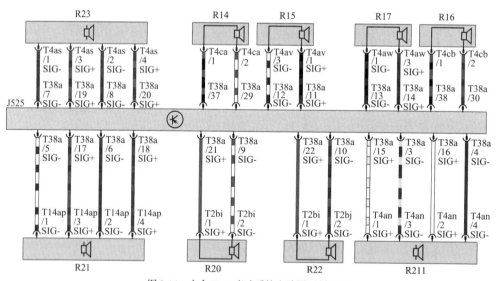

图 3-14 大众 ID.4 音响系统电路图(局部)2

R14-左后高音扬声器;R15-左后低音扬声器;R16-右后高音扬声器;R17-右后低音扬声器;R20-左前高音扬声器;R21-左前低音扬声器;R22-右前高音扬声器;R23-右前低音扬声器;R211-重低音

(6)声音重放。

经过放大的音频信号被传送到音箱,音箱中的扬声器将这些电信号转换成声音,实现声音的重放。这样,驾驶员和乘员就能在车内享受到高质量的音乐或广播了。

任务确认

1. 明确工作任务

(1) 请认真阅读工作情境描述，用彩笔标记关键词，并用一句话总结你需要完成的任务及要求。

工作要求

(2) 现需要与班组长进行沟通并确认车辆等相关信息，请你列出需要问的问题。

序号	问题
1	
2	
3	
4	
5	

2. 环车检查

环车检查包括车内检查项目、车外观检查项目、机舱检查项目、行李舱检查项目和上升举升机检查项目，具体项目与学习任务一的学习活动 1 相同。

3. 故障现象确认

打开点火开关，查看音响，发现其不能正常工作。

进一步确认故障现象为：_____。

4. 环检问诊单填写

请根据沟通内容、环车检查以及故障现象填写完成环检问诊单。

某店车辆环检问诊单								
是否预约　是□　否□　车牌号_____　接车时间：　年　月　日　时　分								
基本信息	车主□　送修人□	姓名		车型		购车日期		
		电话		备用电话		总里程		
		VIN 码				EV 里程		

续上表

顾客描述	维　护：□首次维护　　　□强制维护　　　□一般维护　　　□常规维护 发动机：□难起动　　　　□怠速不稳　　　□动力不足　　　□油耗高 　　　　□易熄火　　　　□抖动　　　　　□加速不良 异　响：□发动机　　　　□底盘　　　　　□行驶　　　　　□变速器 　　　　□制动　　　　　□仪表台　　　　□座椅或车门 灯　亮：□发动机故障灯　□SVS 灯　　　　□ABS 灯　　　　□空气囊灯 　　　　□机油压力报警灯□胎压报警灯　　□EPS 灯/REPS 灯□ESP 灯 　　　　□充电系统灯　　□动力系统故障灯□电机故障灯　　□主警告指示灯 　　　　□动力蓄电池故障灯□发动机冷却液报警灯□电机冷却液报警灯 空　调：□不制冷　　　　□异响　　　　　□有异味　　　　□出风冷热不均 漏　水：□冷却液　　　　□车身　　　　　□天窗　　　　　□前风窗玻璃 　　　　□后风窗玻璃 漏　油：□发动机　　　　□变速器　　　　□制动　　　　　□转向 事　故：□保险事故整形油漆　□局部整形补漆 具体描述(5W2H)：
物品确认 (有打√,无打×)	□备胎　□随车工具　□灭火器　□点烟器　□警示牌　□充电线 □其他_____
环车检查	内饰检查□　　　　　　外观检查□ 检查结果：良好打√　　异常打×
服务顾问提醒	1. 维修旧件(非索赔件)处理：□顾客要求带走　　□顾客选择不带走 2. 维修后洗车：　　□洗车　　　　　□不洗车 3. 维修后充电：　　□充电　　　　　□不充电 　　　　　　　　　□预估充电用时_____ 4. 已提醒您将车内贵重物品带离车辆并妥善保管。□已确认 服务顾问　　　　　　　　　　顾客签字
服务/技术顾问 初步建议	签名：

	维修项目	所需备件	备件确认	索赔确认
维修班组 诊断结果			□有□无	□是□否
			□有□无	□是□否
			□有□无	□是□否

油量

电量 ___%

三 决策

故障信息

(1)连接故障诊断仪 VW VAS 6150E,按下一键启动开关,打开故障诊断仪,进入数据总线诊断接口,读取并记录相关故障码与数据流。车辆下电后清除故障码,车辆再次上电后,使用故障诊断仪再次读取故障码并和之前的故障码进行对比,分析故障码的性质。

故障码	故障含义
数据流	数据流相应参数

(2)查阅维修手册或维修资料,并在下方图框处画出大众 ID.4 音响系统的电路图。

(3)根据电路图分析大众 ID.4 音响系统的故障原因,讨论并完成下面的故障分析图(思维导图)。

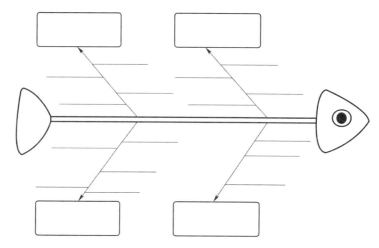

（4）通过查阅维修手册，结合故障分析，编制音响系统故障诊断实施方案。

诊断步骤

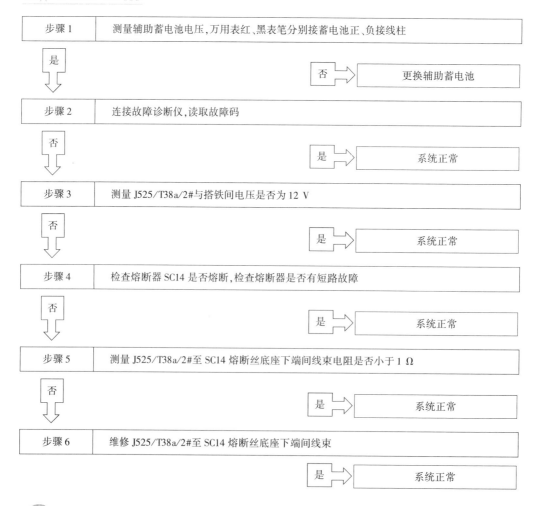

(1)确认音响系统是否正常工作。
(2)确认修理完成。

人员安排

请小组商量后,决定每个小组成员的角色及任务分工。

班级		组号		指导教师	
组长		角色及任务分工			
组员1		角色及任务分工			
组员2		角色及任务分工			
组员3		角色及任务分工			
组员4		角色及任务分工			
组员5		角色及任务分工			

工具准备

请根据相应的故障诊断需求,列出所需的工具设备清单。

序号	工具及材料名称	单位	数量	备注
1	汽车防护套装(车内和车外)	套		
2	常用维修工具(视车型而定)	套		
3	实训车辆	台		
4	解码仪(视车型)	个		
5	元件	套		

注意事项

请根据操作条件及故障诊断的需求,列举出各工序的注意事项。

序号	维修工序内容	注意事项
1	查阅维修手册,读取故障信息,制订操作流程	
2	音响线路检测	
3	元件、模块更换	
4	复检	

四、实施

序号	操作示意图	操作方法	备注
1		测量辅助蓄电池电压,万用表红、黑表笔分别接蓄电池正、负接线柱	电阻标准值为 11~14 V
2		连接故障诊断仪,读取故障码	确认故障信息
3		J525 数字式声音处理系统控制单元无法进入,测量 SC14 两端电压	电压标准值为 11~14 V

续上表

序号	操作示意图	操作方法	备注
4		断负极，断开 J525，接上负极，上电测量 J525/T38a/2 电压	电压标准值为 11~14 V
5		断开电源（位于 OFF 挡），断开负极，测量 J525/T38a/2 # 至 SC14 熔断丝底座下端间线束电阻	电阻应小于 1 Ω
6		维修 J525/T38a/2# 至 SC14 熔断丝底座下端间线束	电阻应小于 1 Ω

五、检查

用故障诊断仪 VW VAS 6150E 读取故障码,根据诊断仪读出故障类型。

(1)关闭点火开关。

(2)将故障诊断仪连接到汽车故障诊断接口(U31)。

(3)按照诊断仪上的提示读出故障码(DTC)。

(4)清除故障码。

(5)再次读取故障码(根据是否依然存在故障码,在相应的横线上画√)。

是_____否_____

(6)验证音响系统是否正常工作。

(7)整理,恢复作业场地。

六、评估

活动总结

(一)请根据工作过程填写大众 ID.4 纯电动汽车音响系统故障诊断与排除任务工单

音响系统故障诊断与排除任务工单		班级:	
		姓名:	
1. 车辆信息记录			
品牌		整车型号		生产年月	
驱动电机型号		动力蓄电池电量		行驶里程	
车辆识别代号			
2. 作业场地准备			
是否设置隔离栏			□是 □否
是否设置安全警示牌			□是 □否
灭火器压力是否正常,灭火器是否在有效期内			□是 □否
是否安装车辆挡块			□是 □否
3. 记录故障现象			

续上表

4.使用故障诊断仪读取故障码、数据流					
故障码					
数据流					

5.绘制相关电路图

6.故障检测

检测对象	检测条件	检测值	标准值	结果判断

7.故障确认

故障点	故障类型	维修措施

8.竣工检验

音响系统是否正常工作	□是 □否

9.作业场地恢复

是否拆卸车内三件套	□是 □否
是否拆卸翼子板布	□是 □否
是否将高压警示牌等放至原位置	□是 □否
是否清洁、整理场地	□是 □否

（二）请根据工作过程撰写大众ID.4纯电动汽车音响系统故障诊断与排除技术总结

大众ID.4纯电动汽车音响系统故障诊断与排除技术总结
1.故障现象

续上表

大众 ID.4 纯电动汽车音响系统故障诊断与排除技术总结
2. 故障原因
3. 故障基本检查过程
4. 经验和不足

活动评价

根据学习过程评价表进行自评、互评、教师评价。

音响系统故障诊断与排除			实习日期：		
姓名：		班级：	学号：		教师签名：
自评：□熟练　□不熟练		互评：□熟练　□不熟练	师评：□合格　□不合格		
日期：		日期：	日期：		
音响系统故障诊断与排除【评分细则】					
序号	评分项	得分条件	得分	评分要求	自评	互评	师评
1	安全/8S/态度	□1）能进行工位 8S 操作 □2）能进行设备和工具安全检查 □3）能进行车辆安全防护操作 □4）能进行工具清洁、校准、存放操作 □5）能进行三不落地操作		满分 15 分，每未完成 1 项扣 3 分	□熟练 □不熟练	□熟练 □不熟练	□合格 □不合格

续上表

序号	评分项	得分条件	得分	评分要求	自评	互评	师评
2	专业技能能力	□1)能正确地拆装扬声器 □2)能正确地拆装音响系统线束插接器 □3)能正确地拆装音响系统熔断器		满分50分,每未完成1项扣5分	□熟练 □不熟练	□熟练 □不熟练	□合格 □不合格
3	工具及设备的使用能力	□能正确地使用维修工具		满分10分,每未完成1项扣3分	□熟练 □不熟练	□熟练 □不熟练	□合格 □不合格
4	资料、信息查询能力	□1)能正确地使用维修手册查询资料 □2)能正确地记录所需维修信息		满分10分,每未完成1项扣3分	□熟练 □不熟练	□熟练 □不熟练	□合格 □不合格
5	数据判断和分析能力	□1)能判断扬声器的好坏 □2)能判断熔断器的好坏		满分10分,每未完成1项扣3分	□熟练 □不熟练	□熟练 □不熟练	□合格 □不合格
6	表单填写和报告撰写的能力	□1)字迹清晰 □2)语句通顺 □3)无错别字 □4)无涂改 □5)无抄袭		满分5分,每未完成1项扣1分	□熟练 □不熟练	□熟练 □不熟练	□合格 □不合格
总分:							

学习活动测评

一、填空题

1. 汽车音响系统一般由_____、_____、_____、_____四部分组成。

2. 车载隐藏式(印刷式)天线的布置位置有后窗、_____、_____、_____、行李舱盖、防撞保险杠等。

3. 放大器将各种节目信号进行_____和_____,然后推动扬声器发出声音。

4. 扬声器主要指_____和_____等,是汽车音响系统的终端。_____中通常由低音扬声器、中音扬声器、_____和_____组成。

二、判断题

1. SC15 熔断丝影响音响系统的工作。　　　　　　　　　　　　（　）
2. 低音扬声器频响范围为 160～256 Hz。　　　　　　　　　　　（　）
3. 大众 ID.4 采用是哈曼卡顿音响,一共有 10 个扬声器,包含 6 个高音、2 个低音、1 个低音炮以及 1 个中音。　　　　　　　　　　　　　　　　　　（　）
4. 扬声器没有声音,直接更换即可。　　　　　　　　　　　　　（　）
5. 音响系统不工作,说明即为该侧灯泡损坏,与线路无关。　　　（　）

三、简答题

简述大众 ID.4 音响系统的工作原理。

学习任务四

新能源汽车辅助约束系统工作异常故障诊断与排除

学习目标

知识目标

1. 能阅读维修工单，根据班组长的描述及辅助约束系统（SRS，包括安全气囊和安全带）基本检查操作确认故障现象，填写车辆信息和故障信息。

2. 能查阅维修手册，分析新能源汽车辅助约束系统（SRS）电气结构及工作原理，结合故障现象，分析故障原因，制定检修方案。

3. 能根据检测结果及故障原因分析，确定辅助约束系统（SRS）维修项目，并征得班组长的同意。

4. 能根据维修方案，参照维修手册，按照维修规范使用万用表等检测工具对安全气囊、安全带等进行检测，完成辅助约束系统（SRS）检修任务，恢复辅助约束系统（SRS）功能。维修作业遵守汽车厂家操作规定、安全生产制度、环保管理制度及"8S"管理规定，养成良好的职业规则意识。

5. 能根据辅助约束系统（SRS）运行性能要求对维修结果进行自检并记录结果和维修维护建议等信息，交给班组长检验。

6. 能撰写辅助约束系统（SRS）维修技术总结，包括撰写故障现象、原因分析、排除方法，总结维修过程中经验和不足，并提出改进性建议。

技能目标

1. 具备正确使用新能源汽车常用拆卸工具的能力。

2. 具备规范拆卸与安装新能源汽车安全气囊系统总成的能力。

3. 具备正确使用故障诊断仪读取新能源汽车辅助约束系统（SRS）电控单元故障码，并根据数据流判断故障原因的能力。

4. 具备识读新能源汽车辅助约束系统（SRS）的控制电路并画出其控制电路简图的能力。

5. 具备对新能源汽车辅助约束系统（SRS）故障现象制定故障诊断方案的能力。

6. 具备撰写新能源汽车辅助约束系统（SRS）维修技术总结的能力。

新能源汽车电器故障诊断与排除

素养目标

1. 提升抗压能力、抗挫能力。
2. 能够在工作过程中与小组其他成员合作、交流,养成团队合作意识,锻炼沟通能力。
3. 具备与本专业职业发展相适应的劳动素养、劳动技能。
4. 履行道德准则和行为规范,具备社会责任感和社会参与意识。

 建议学时

40 学时

 学习活动

学习活动 1　新能源汽车安全气囊警告灯常亮故障诊断与排除
学习活动 2　新能源汽车安全带警告灯常亮故障诊断与排除

学习活动 1　新能源汽车安全气囊警告灯常亮故障诊断与排除

 情境描述

　　一辆大众 ID.4 纯电动汽车进厂维修,客户(由教师或学生扮演)反映车辆上电后,安全气囊警告灯常亮。4s 店维修技师经过检查,怀疑安全气囊控制单元供电或搭铁不良造成,确认故障现象后,需要对该故障进行诊断与排除。
　　学生接受大众 ID.4 纯电动汽车安全气囊警告灯常亮故障诊断与排除任务后,与客户充分沟通,在规定时间内进行工作任务确认,生成环检问诊单;通过查阅维修手册,结合故障分析,编制安全气囊警告灯常亮故障诊断任务实施方案,包括诊断步骤、时间及人员安排、所需工具、注意事项等;以独立或小组合作的方式,按照任务实施方案和作业流程,参照维修手册,准备工具、仪器设备、耗材物料,使用诊断设备和工具,对车辆安全气囊系统部件、控制线路及控制模块等实施数据检测、故障码读取、故障部位查找、故障点修复作业;自检合格后,填写任务工单并进行质量检验;同时,学生应在教师指导下总结任务实施过程,撰写任务实施指导书。学生在工作过程中要具有成本意识,遵守现场工作管理规范。

新能源汽车辅助约束系统工作异常故障诊断与排除 | 学习任务四

任务要求

请你根据任务情境描述,在规定的时间内,分别完成大众ID.4纯电动汽车安全气囊警告灯常亮故障诊断与排除的方案编制和故障的基本检查实施:

(1)请列出需要和车主沟通的内容;

(2)请完成安全气囊在线检测,填写好环检问诊单;

(3)请查阅该车型的维修手册,查看大众ID.4纯电动汽车安全气囊系统部件图及电路图,列出可能产生的故障原因,并说明理由;

(4)请根据情境描述的故障现象,查阅维修手册等资料,制定一份尽可能详细的安全气囊警告灯常亮故障诊断与排除的解决方案,并全面而细致地说明采取此方案的理由;

(5)请查阅维修手册,对安全气囊系统进行基本检查;

(6)请列出在安全气囊系统基本检查过程中需要注意的事项。

任务分组

全班学生分成若干个学习小组,每小组4~6人。

班组长:负责任务布置,组员分工。

服务顾问:负责接待问诊,基本检查,故障现象确认。

配件管理员:负责耗材准备。

工具管理员:负责工具设备准备,维修资料查阅。

维修技师:负责实施维修操作。

车间主管:负责实施维修质量检验。

二、计划

知识链接

1. 新能源汽车安全气囊系统

安全气囊系统(SRS)作为车身被动安全的辅助配置,日渐受到人们的重视。如图4-1所示,当汽车与障碍物发生碰撞后,速度急剧减小,碰撞传感器发出信号,安全气囊系统通过气体发生器向气囊内充气,此时安全气囊罩盖开裂,在几毫秒内高速膨胀,覆盖整个膨胀区域。一旦佩戴安全带的乘员开始陷入膨胀的气囊,在乘员身体的压力下气囊里的

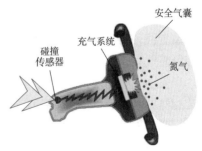

图4-1 安全气囊系统工作示意图

气体立即开始逸出,并托住乘员,减缓乘员的惯性运动,从而降低乘员的受伤风险。安全气囊是一种车辆乘员约束系统,它由气囊垫、柔性织物袋、充气模块和碰撞传感器组成。

2. 安全气囊系统的组成

安全气囊系统是一种辅助保护系统,主要由安全气囊传感器、安全气囊电子控制单元(ECU)、SRS警告灯和气囊组件四部分组成,具体如图4-2所示。

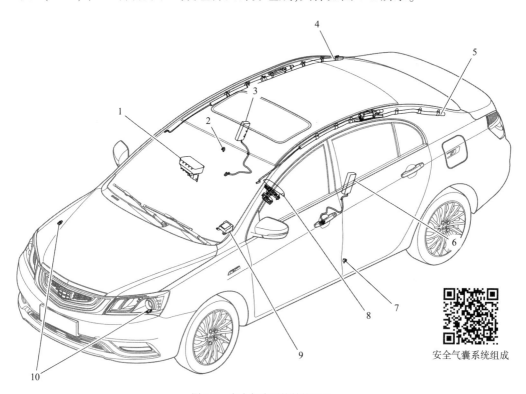

图4-2 安全气囊系统结构组成

1-乘员气囊;2-乘员侧侧面碰撞传感器;3-前排右侧气囊(位于座椅靠背内);4-右侧安全气帘;5-左侧安全气帘;6-前排左侧气囊(位于座椅靠背内);7-驾驶员侧侧面碰撞传感器;8-驾驶员气囊及时钟弹簧;9-安全气囊电子控制单元;10-正面碰撞传感器

(1)安全气囊传感器。

安全气囊传感器根据所承担的任务不同分为两种:第一种是碰撞信号传感器,主要用来检测汽车碰撞所受到的冲击信号,将汽车碰撞时的减速度输入安全气囊电子控制装置;第二种是碰撞防护传感器,主要用来防止非碰撞状况引起安全气囊误动作,其控制着气囊点火器电源电路,通常设置在安全气囊ECU内部。

安全气囊的触发条件是当车辆发生碰撞时,某个碰撞传感器与任意一个碰撞信号传感器同时接通,点火引爆电路才接通。

(2)安全气囊电子控制单元(ECU)。

安全气囊ECU大多安装在仪表台中央的下端,其作用是根据各个传感器的信号来控制气囊的触发,并且对系统故障进行自我诊断。

在汽车行驶过程中,安全气囊 ECU 不断接收碰撞信号传感器与碰撞防护传感器传来的车速变化信号,进行分析判断后确定是否发生碰撞。当判断结果满足气囊触发条件时立即运行控制点火程序,并向点火电路发出指令引爆点火剂,使安全气囊充气。

安全气囊有两个电源,一个是汽车电源(蓄电池和发电机),另一个是紧急辅助电源。当汽车电源与安全气囊 ECU 之间的电路切断后,紧急辅助电源在一定时间内能够维持安全气囊系统的供电,保证其正常工作。

(3) SRS 警告灯。

SRS 警告灯受控于安全气囊控制单元,通过是否电路表示系统工作状态,打开点火开关后约 2 s,警告灯开始自检,如果系统没有故障则警告灯熄灭。如果系统有故障或者发生碰撞则警告灯常亮。

(4) 气囊组件。

安全气囊组件由气体发生器、气体发生剂(叠氮化钠、氨气)、气囊支架、气袋组合、盖板等组成,如图 4-3 所示。

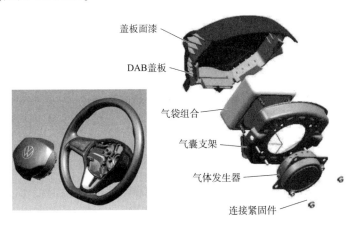

a) 驾驶员侧气囊组件结构

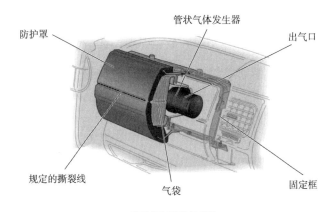

b) 乘员侧气囊组件结构

图 4-3 气囊组件结构

3.安全气囊系统传感器

1)碰撞传感器

碰撞传感器是安全气囊系统中的信号输入装置,相当于一个控制开关,其工作状态取决于汽车碰撞时的加速度。

(1)类型。

碰撞传感器按其功能可分为碰撞信号传感器和碰撞防护传感器。碰撞信号传感器用来检测汽车受碰撞程度,且根据安装位置的不同,可分为左前碰撞传感器、右前碰撞传感器和中央碰撞传感器。碰撞防护传感器又称为安全碰撞传感器或侦测碰撞传感器,其作用是防止安全气囊发生误爆。

按其结构,碰撞传感器又可分为机电结合式传感器、电子式传感器和水银开关式传感器三种。机电结合式传感器是利用机械运动来控制电气触点的通断,然后控制安全气囊电路的通断,其结构有滚球式、滚轴式和偏心锤式。电子式传感器与机电结合式的区别在于无电气触点,目前常用的电子式传感器包括电阻应变式和压电效应式两种。水银开关式传感器则利用水银的导电特性来控制安全气囊电路。

(2)作用。

碰撞传感器的作用是检测汽车发生碰撞时的强度信号,并将信号输入安全气囊的电控单元(ECU),ECU根据碰撞传感器的信号来判定是否引爆充气元件使气囊充气。

(3)结构与原理。

下面介绍几种常见碰撞传感器的结构与原理,以电子式碰撞传感器为例。目前,常见的电子式传感器包括电阻应变式和压电效应式两种。

①电阻应变式碰撞传感器。

电阻应变式碰撞传感器如图4-4所示。电阻应变式碰撞传感器主要由电子电路、电阻应变计、振动块、缓冲介质和壳体等组成。电子电路包括稳压与温度补偿电路W、信号处理与放大电路A,电阻应变计的电阻R_1、R_2、R_3、R_4安装在硅膜片上。当硅膜片产生变形时,应变电阻的阻值就会发生变化。应变电阻一般都连接成电桥电路,并设计有稳压和温度补偿电路。

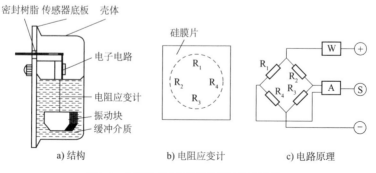

图4-4 电阻应变式碰撞传感器结构及原理

当汽车遭受碰撞时振动块振动,缓冲介质随之振动,应变计的应变电阻发生形变,阻值发生变化,由于应变电阻以电桥电路的方式连接,随着应变电阻阻值的变化,电桥电路的输出电压就发生变化,经过信号处理与放大后,传感器将变化的信号电压输入安全气囊 ECU,ECU 根据电压信号强弱判断碰撞的强度或碰撞激烈度。若信号电压超过设定值,安全气囊 ECU 立即向点火器发出点火指令引爆点火剂,使充气剂受热分解产生气体给气囊充气。

②压电效应式碰撞传感器。

压电效应式碰撞传感器指利用压电效应制成的传感器。压电效应指压电晶体在压力作用下,晶体外形发生变化从而使其输出电压发生变化的效应。

当汽车发生碰撞时,传感器内的压电晶体在碰撞压力的作用下输出电压变化,安全气囊 ECU 根据电压信号强弱判断碰撞的烈度。若信号电压超过设定值,安全气囊 ECU 立即向点火器发出点火指令引爆点火剂,使充气剂受热分解产生气体给气囊充气。

(4)检修注意事项。

①发生过碰撞且安全气囊系统已经起作用的碰撞传感器不可重复使用。

②碰撞传感器安装时,传感器上的箭头应朝向车辆前方。

③碰撞传感器的定位螺栓是经过防锈处理的,当传感器拆下时必须换用新的定位螺栓。

④碰撞传感器装有一套电气连接检查机构,当接上插接器时务必把该机构牢固锁住,如果该机构未锁住,则诊断系统会检测出故障码。

2)乘客感知传感器

座椅安全带报警装置是用来检测座椅上方有无乘员乘坐的,由乘客感知传感器、安全带、安全带锁扣和车身 ECU 等组成。其中,乘客感知传感器也称为薄片传感器,安装在汽车乘客座椅之中。

(1)作用。

乘客感知传感器可获取乘客座椅的使用状态,当乘客座椅被占据时,运行一个电信号检测乘客是否系了安全带,如果没有,控制单元将发出声光报警信号以提醒乘客系上安全带。

(2)结构与原理。

乘客感知传感器(图 4-5)是一种薄膜型触点传感器,传感器的触点均匀分布在座椅的受力表面。如果座椅上有乘员,顶层和底层的石墨电极相互接

图 4-5 乘客感知传感器

触;如果座椅上无乘员,薄片像弹簧一样使顶层和底层的石墨电极分离,电路处于中断状态。

3)车门未关传感器

(1)作用。

车门未关传感器的作用是判断车门开关状态,如果车门未关严就起步,通常在仪

表上会发出报警信息,提示需关闭车门,保证行车安全。

(2)结构与原理。

车门未关传感器包括车门、触控组件、控制单元、供电单元和扬声单元。当车门未关闭时,车门连动触控组件发出信号,控制单元接收到触控组件发出的信号后,命令扬声单元发出警示声音,以提醒乘员车门未关闭,避免意外事故的发生。

4.安全气囊系统的基本工作原理

当汽车在行驶过程中发生碰撞事故时,首先由安全气囊传感器接收撞击信号,只要碰撞达到规定的强度,传感器即产生动作并向电子控制器发出信号。电子控制器接收到信号后,与其原存储信号进行比较,如果达到气囊展开条件,则由驱动电路向气囊组件中的气体发生器送去起动信号。气体发生器接收到信号后引燃气体发生剂,产生大量气体,经过滤并冷却后进入气囊,使气囊在极短的时间内突破衬垫迅速展开,在驾驶员或乘员的前部形成弹性气垫,并及时泄漏、收缩,吸收冲击能量,从而有效地保护人体头部和胸部,使之免于伤害或减轻伤害程度,其基本原理如图4-6所示。

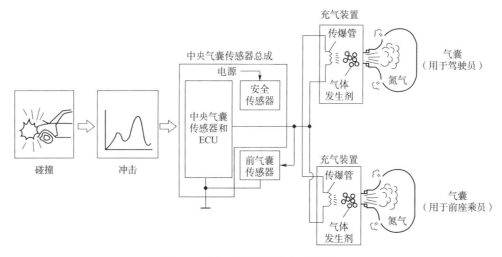

图4-6 安全气囊系统的基本工作原理

5.安全气囊的触发条件及注意要点

(1)触发条件。

为了保证安全气囊在适当的时候打开,汽车生产厂家都规定了气囊的起爆条件,只有满足了这些条件,气囊才会爆炸。虽然在一些交通事故中,车内乘员碰得头破血流,甚至出现生命危险,车辆接近报废,但是如果达不到安全气囊爆炸的条件,气囊还是不会打开。

安全气囊打开需要合适的速度和碰撞角度。从理论上讲,只有车辆的正前方左右大约60°之间位置撞击在固定的物体上,且速度高于30 km/h,这时安全气囊才可能打开。这里所说的速度不是我们通常意义上所理解的车速,而是在试验室中车辆相对刚性固定障碍物碰撞的速度,实际碰撞中汽车的速度高于该速度时气囊才能打开。

  汽车发生碰撞时的主要受力部位是保险杠和车身纵梁,为了缓冲碰撞时的冲击力,车身前部大都设计有碰撞缓冲区,而且车身的刚度分布也是不均匀的。在一些事故中,例如当轿车与没有后部防护装置的卡车发生钻入性追尾事故,或轿车碰撞护栏后发生翻车事故,或发生车身侧面碰撞等,往往没有发生车身前部的直接撞击,主要是车身上部和侧面发生碰撞,碰撞车身部位的刚度很小,虽然车舱内发生了很大的变形,造成了车内乘员受伤或死亡,但是由于碰撞部位不对,有时候气囊并不能打开。尤其是在侧向碰撞中,如未配置侧安全气囊,主副安全气囊由于不能达到起爆条件不能引爆,很容易对乘车人员造成致命伤害。

  大众 ID.4 车型所配备的安全气囊是否触发取决于碰撞时车辆的减速度和电子控制单元预设的减速度基准值。若碰撞时电子控制单元测得的减速度小于电子控制单元预设的减速度基准值,则即使车辆因碰撞严重损坏,系统也不会触发安全气囊。

  因车辆发生事故时的环境千变万化,无法规定一个确定的气囊应触发的车速和基准值范围,故无法涵盖所有类型的碰撞事故及触发安全气囊的碰撞角度。此外,安全气囊是否触发还有一些其他重要影响因素,例如,碰撞物的特性(软硬度)、碰撞角度以及车速。发生事故且车辆的减速度值足以触发安全气囊时安全气囊方能发挥辅助保护作用。因安全气囊只能触发一次,并且只能在某些特定情况下触发,而无论安全气囊触发与否,安全带均能在任何情况下为乘员提供保护,故安全气囊仅能作为三点式安全带的辅助保护装置。

  (2)注意要点。

  ①安全气囊必须与安全带一起使用,如果不系好安全带,即使有安全气囊,在碰撞时也可能因气囊无法正常弹出,造成人员伤害甚至死亡。

  ②乘车时应与气囊保持合适的距离。

  ③注意不要在气囊的前方、上方或近处放置物品,因为在紧急时刻这些物品有可能妨碍气囊充气或被抛射出去,造成更大的危险。

  ④为保证安全气囊真正起到安全的作用,驾乘人员一定要养成良好的驾乘习惯,保证胸部与方向盘间有一定距离。

  ⑤安全气囊装置的部件应妥善保管,不要在 85 ℃ 以上的高温环境下长期放置。

  ⑥不能擅自改动安全气囊系统的线路和组件,不要随意更改保险杠和车辆前部结构。

  ⑦安全气囊为一次性产品,每个气囊只能使用一次,引爆后须更换新件。

6. 安全气囊常见故障及检测方法

1)安全气囊的常见故障

(1)安全气囊警告灯本身损坏或线路中断,安全气囊控制单元供电不良或搭铁回路不良、仪表板故障或线路连接不良等。

故障现象：安全气囊警告灯一直熄灭。

（2）安全气囊控制单元储存了故障码、安全气囊控制单元编码错误或没有进行功能匹配、仪表板线路接触不良、网关元件损坏等。

故障现象：安全气囊警告灯常亮或闪烁。

（3）副驾驶员侧安全气囊已关闭或安全气囊控制单元储存了相关故障码。

故障现象：副驾驶员侧安全气囊关闭，警告灯未熄灭。

2）安全气囊的检测方法

安全气囊系统可以通过仪表上的安全气囊警告灯和故障诊断仪进行故障检修。在打开点火开关或上电之后，安全气囊系统进行自检，仪表上的安全气囊警告灯会点亮片刻，自检正常后应熄灭，否则说明系统有故障。

（1）安全气囊警告灯不亮。警告灯一直不亮，通常是警告灯本身损坏或线路断路、安全气囊控制单元供电故障等。

（2）安全气囊警告灯常亮或一直闪烁。常见的故障原因有安全气囊控制单元存储了故障码、更换控制单元后编码错误或没有进行功能匹配、网关元件损坏等。

（3）副驾驶员侧安全气囊关闭警告灯常亮。在打开点火开关或上电之后，副驾驶员侧安全气囊关闭，警告灯应熄灭，否则说明副驾驶员侧安全气囊已关闭或控制单元存储故障码。在检修时应检查副驾驶员侧安全气囊控制开关是否正常，如果车辆没有配置该开关，应使用诊断仪读取系统故障信息。

（4）安全带警告灯。车辆的安全带警告灯用于指示安全带是否正确使用，虽然不作为安全气囊系统的故障提醒，但安全带损坏或者出现故障，有可能会造成安全气囊系统无法正常工作或安全气囊警告灯异常点亮。

7. 安全气囊控制模块结构布线

大众 ID.4 安全气囊系统包含：J234 安全气囊系统控制单元、J519 车载电网控制单元、J533 数据总线诊断接口、N95 安全气囊引爆装置、J527 转向柱电子控制单元、G180 碰撞传感器等组成。J234 控制单元电源由熔断丝架 C 上 2 号熔断丝提供，搭铁点通过 J234 控制单元外壳搭铁。J234 控制单元将各个信号传递给 J519 车载电网控制单元，安全气囊关闭指示灯接收 J519 控制单元信号，如出现故障则会常亮指示灯提醒驾乘人员，J234 控制单元通过驱动 CAN 信号接收各个碰撞传感器的指令，控制单元接收到碰撞信号后，会触发触发器。触发器是一个电子开关，它会在接收到触发信号后打开，触发器打开后，会激活点火装置。点火装置是一个高能电路，它会产生足够的电流和能量来引爆安全气囊，点火装置引爆后，会产生火花或者电弧，点燃气体生成剂。气体生成剂中的化学物质会迅速分解产生大量气体，使安全气囊迅速充气。如图 4-7 和图 4-8 所示。

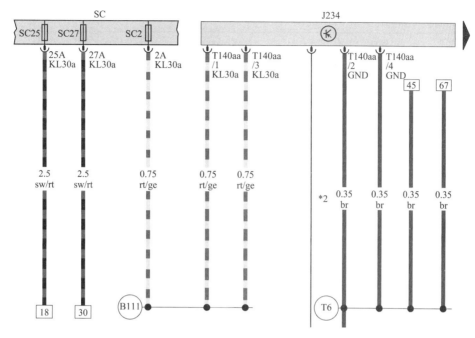

图 4-7 安全气囊系统结构布线图 1

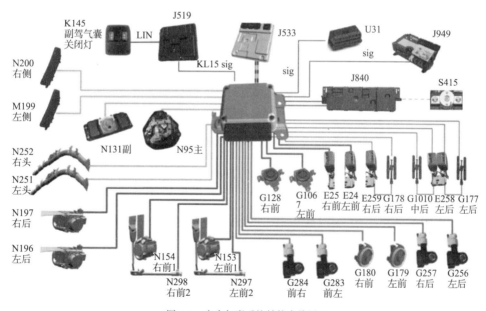

图 4-8 安全气囊系统结构布线图 2

任务确认

1. 明确工作任务

（1）请认真阅读工作情境描述，用彩笔标记关键词，并用一句话总结你需要完成的任务及要求。

工作要求

(2)现需要与班组长进行沟通并确认车辆等相关信息,请你列出需要问的问题。

序号	问题
1	
2	
3	
4	
5	

2. 目视检查

(1)检查易于接触或能够看到的安全气囊系统部件,以查明其是否有明显损坏或存在可能导致故障的情况。

(2)连接器接头和振动的支点是主要检查部位,如果是振动造成的故障,建议采用振动法。

①用手指轻轻振动可能有故障的部位,并检查是否出现故障。

②在垂直和水平方向轻轻摇动连接器。

③在垂直和水平方向轻轻摇动线束。

3. 安全气囊在线检测

(1)打开车辆点火开关,检查安全气囊警告灯是否点亮,安全气囊警告灯在打开点火开关约 5 s 内熄灭,说明安全气囊系统正常。若打开点火开关后安全气囊警告灯常亮,说明安全气囊系统存在故障,应进行检修。

(2)使用 VW VAS 6150E 诊断仪读取 SRS 控制单元故障码。

(3)清除故障码。

(4)关闭车辆电源开关等待 20 s 后重新上电,再次读取故障码。

(5)使用 VW VAS 6150E 诊断仪读取 SRS 控制单元相关数据流,依据故障码及数据流判断控制单元是否存在故障。

4. 故障现象确认

(1)打开点火开关,观察组合仪表,发现安全气囊警告灯常亮。

（2）SRS ECU 控制单元存储_____故障码。
（3）SRS ECU 数据流显示控制单元信号线路电压为_____ V。
进一步确认故障现象为：_____。

5. 环检问诊单填写

请根据沟通内容、目视检查、安全气囊在线检测以及故障现象填写完成环检问诊单。

某店车辆环检问诊单				
是否预约　　是□　否□　　车牌号＿＿＿＿＿＿　接车时间：　年　月　日　时　分				
基本信息	车主□　送修人□	姓名	车型	购车日期
		电话	备用电话	总里程
		VIN 码		EV 里程
顾客描述	维　　护：□首次维护　　□强制维护　　□一般维护　　□常规维护 发动机：□难起动　　　□急速不稳　　□动力不足　　□油耗高 　　　　　□易熄火　　　□抖动　　　　□加速不良 异　　响：□发动机　　　□底盘　　　　□行驶　　　　□变速器 　　　　　□制动　　　　□仪表台　　　□座椅或车门 灯　　亮：□发动机故障灯　□SVS 灯　　□ABS 灯　　　□空气囊灯 　　　　　□机油压力报警灯 □胎压报警灯 □EPS 灯/REPS 灯 □ESP 灯 　　　　　□充电系统灯　□动力系统故障灯 □电机故障灯　□主警告指示灯 　　　　　□动力蓄电池故障灯 □发动机冷却液报警灯 □电机冷却液报警灯 空　　调：□不制冷　　　□异响　　　　□有异味　　　□出风冷热不均 漏　　水：□冷却液　　　□车身　　　　□天窗　　　　□前风窗玻璃 　　　　　□后风窗玻璃 漏　　油：□发动机　　　□变速器　　　□制动　　　　□转向 事　　故：□保险事故整形油漆　□局部整形补漆 具体描述(5W2H)：			
物品确认 (有打√，无打×)	□备胎　□随车工具　□灭火器　□点烟器　□警示牌　□充电线 □其他_____			油量 F E
环车检查	内饰检查□　　　　　外观检查□ 检查结果：良好打√　　异常打×			电量 ＋－ ____%
服务顾问提醒	1. 维修旧件(非索赔件)处理：□顾客要求带走　□顾客选择不带走 2. 维修后洗车：　□洗车　　□不洗车 3. 维修后充电：　□充电　　□不充电 　　　　　　　　□预估充电用时_____ 4. 已提醒您将车内贵重物品带离车辆并妥善保管。□已确认			
服务顾问		顾客签字		

续上表

服务/技术顾问初步建议		签名:		
维修班组诊断结果	维修项目	所需备件	备件确认	索赔确认
			□有 □无	□是 □否
			□有 □无	□是 □否
			□有 □无	□是 □否

三 决策

故障信息

(1) 连接故障诊断仪 VW VAS 6150E, 按下一键启动开关, 打开故障诊断仪, 进入数据总线诊断接口, 读取并记录相关故障码与数据流。车辆下电后清除故障码, 车辆再次上电后, 使用故障诊断仪再次读取故障码并和之前的故障码进行对比, 分析故障码的性质。

故障码	故障含义
U112300	总线接收到的故障值
数据流	数据流相应参数
15	供电电压 – 30 端子
13.9	供电电压 – 15 端子

(2) 查阅维修手册或维修资料, 并在下方图框处画出大众 ID.4 安全气囊控制单元的电路图。

(3)根据电路图分析大众 ID.4 安全气囊系统的故障原因,讨论并完成下面的故障分析图(思维导图)。

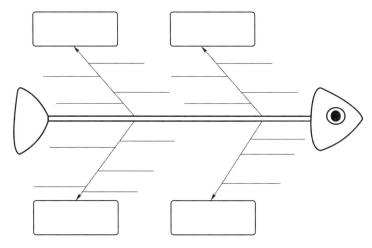

(4)通过查阅维修手册,结合故障分析,编制大众 ID.4 安全气囊系统故障诊断实施方案。

诊断步骤

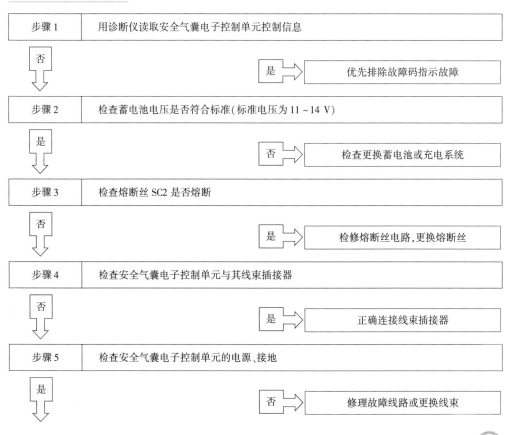

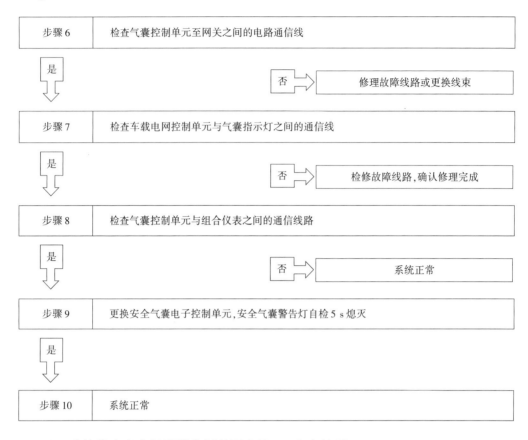

(1)确认仪表安全气囊警告灯是否自检 5 s 左右熄灭。
(2)确认修理完成。

人员安排

请小组商量后,决定每个小组成员的角色及任务分工。

班级		组号		指导教师	
组长		角色及任务分工			
组员 1		角色及任务分工			
组员 2		角色及任务分工			
组员 3		角色及任务分工			
组员 4		角色及任务分工			
组员 5		角色及任务分工			

新能源汽车辅助约束系统工作异常故障诊断与排除 | **学习任务四**

工具准备

请根据相应的故障诊断需求，列出所需的工具设备清单。

序号	工具及材料名称	单位	数量	备注
1	常用维修工具（视车型而定）	套		
2	实训车辆	台		
3	解码仪（视车型而定）	个		
4	万用表	个		
5	内饰撬板	个		

注意事项

请根据操作条件及故障诊断的需求，列举出各工序的注意事项。

序号	维修工序内容	注意事项
1	查阅维修手册，读取故障信息，制订操作流程	
2	安全气囊控制单元及其线路、插头检测	
3	元件、模块、线路修复、更换	
4	复检	

四 实施

序号	操作示意图	操作方法	备注
1		打开电源开关，连接故障诊断仪，读取系统故障码，有故障码则按故障码指示排除	确认故障信息

续上表

序号	操作示意图	操作方法	备注
2		测量辅助蓄电池电压，万用表红、黑表笔分别接蓄电池正、负接线柱	电压标准值为 11~14 V
3		关闭电源开关，拔出熔断丝架 C 上的 SC2 熔断丝，检查是否熔断	电阻应小于 1 Ω
4		断开负极电缆并等待 90 s 以上，检查连接器是否正确连接到安全气囊电子控制单元	连接应紧固无松动

续上表

序号	操作示意图	操作方法	备注
5		断电并等待 90 s，断开气囊控制单元线束插接器 T140aa-140 插头。 连接蓄电池负极并等待至少 2 s	电阻应小于 1 Ω
6		打开启动开关，接通电源（位于 ON 挡），测量 J234 单元端子 1# 与端子 3# 和车身搭铁之间的电压	电压标准值为 11~14 V
7		关闭电源开关，检测 J234 控制单元壳体与车身搭铁之间的电阻	电阻应小于 1 Ω

续上表

序号	操作示意图	操作方法	备注
8		检查 J234 端子 112# 与 J519 端子 14# 之间的电阻	电阻应小于 1Ω
9		测量 J519 端子 15# 与 K145 端子 18# 之间的电阻,显示电阻无穷大	电阻应小于 1Ω

五、检查

用故障诊断仪 VW VAS 6150E 读取故障码,根据诊断仪读出故障类型。
(1) 关闭点火开关。
(2) 将故障诊断仪连接到汽车故障诊断接口(U31)。
(3) 按照诊断仪上的提示读出故障码(DTC)。
(4) 清除故障码。
(5) 再次读取故障码(根据是否依然存在故障码,在相应的横线上画√)。
是_____ 否_____
(6) 验证安全气囊警告灯是否自检后熄灭。
(7) 整理,恢复作业场地。

六、评估

活动总结

(一) 请根据工作过程填写大众 ID.4 纯电动汽车安全气囊警告灯常亮故障诊断与排除任务工单

安全气囊警告灯常亮故障诊断与排除任务工单		班级：	
		姓名：	
1. 车辆信息记录					
品牌		整车型号		生产年月	
驱动电机型号		动力蓄电池电量		行驶里程	
车辆识别代号					
2. 作业场地准备			
是否设置隔离栏		□是	□否
是否设置安全警示牌		□是	□否
灭火器压力是否正常,灭火器是否在有效期内		□是	□否
是否安装车辆挡块		□是	□否
3. 记录故障现象			
4. 使用故障诊断仪读取故障码、数据流					
故障码					
数据流					
5. 绘制相关电路图					

续上表

6.故障检测				
检测对象	检测条件	检测值	标准值	结果判断

7.故障确认		
故障点	故障类型	维修措施

8.竣工检验	
安全气囊警告灯是否正常工作	□是 □否

9.作业场地恢复	
是否拆卸车内三件套	□是 □否
是否拆卸翼子板布	□是 □否
是否将高压警示牌等放至原位置	□是 □否
是否清洁、整理场地	□是 □否

(二)请根据工作过程撰写大众ID.4纯电动汽车安全气囊警告灯常亮故障诊断与排除技术总结

大众ID.4纯电动汽车安全气囊警告灯常亮故障诊断与排除技术总结
1.故障现象
2.故障原因
3.故障基本检查过程
4.经验和不足

活动评价

根据学习过程评价表进行自评、互评、教师评价。

安全气囊警告灯常亮故障诊断与排除			实习日期：	
姓名：	班级：	学号：		教师签名：
自评：□熟练 □不熟练	互评：□熟练 □不熟练	师评：□合格 □不合格		
日期：	日期：	日期：		
安全气囊警告灯常亮故障诊断与排除【评分细则】							

序号	评分项	得分条件	得分	评分要求	自评	互评	师评
1	安全/8S/态度	□1）能进行工位8S操作 □2）能进行设备和工具安全检查 □3）能进行车辆安全防护操作 □4）能进行工具清洁、校准、存放操作 □5）能进行三不落地操作		满分15分，每未完成1项扣3分	□熟练 □不熟练	□熟练 □不熟练	□合格 □不合格
2	专业技能能力	□1）能正确地读取安全气囊系统故障码及数据流 □2）能正确地拆装安全气囊控制单元及线束插接器 □3）能正确使用万用表测量安全气囊控制单元插头及相关线路电压及进行搭铁检查		满分50分，每未完成1项扣5分	□熟练 □不熟练	□熟练 □不熟练	□合格 □不合格
3	工具及设备的使用能力	□能正确地使用维修工具		满分10分，每未完成1项扣3分	□熟练 □不熟练	□熟练 □不熟练	□合格 □不合格
4	资料、信息查询能力	□1）能正确地使用维修手册查询资料 □2）能正确地记录所需维修信息		满分10分，每未完成1项扣3分	□熟练 □不熟练	□熟练 □不熟练	□合格 □不合格

续上表

序号	评分项	得分条件	得分	评分要求	自评	互评	师评
5	数据判断和分析能力	□1）能判断SRS ECU所报故障码的含义 □2）能判断安全气囊线束插接器各端子异常的电压、电阻值		满分10分，每未完成1项扣3分	□熟练 □不熟练	□熟练 □不熟练	□合格 □不合格
6	表单填写和报告撰写的能力	□1）字迹清晰 □2）语句通顺 □3）无错别字 □4）无涂改 □5）无抄袭		满分5分，每未完成1项扣1分	□熟练 □不熟练	□熟练 □不熟练	□合格 □不合格
总分：							

学习活动测评

一、填空题

1. 安全气囊气体主要由_____、_____、_____、_____四部分组成。
2. 安全气囊系统传感器包括_____、_____和_____三种类型传感器。
3. 碰撞传感器按其功能可分为_____、_____两种类型。
4. 碰撞传感器按其结构可分为_____、_____、_____三种类型。
5. 安全气囊系统的常见故障有_____、_____、_____、_____等。

二、判断题

1. SC1熔断丝影响安全气囊控制单元的工作。（   ）
2. 安全气囊可以重复使用。（   ）
3. 安全气囊必须与安全带一起使用。（   ）
4. 安全气囊工作灯常亮，影响汽车正常行驶。（   ）
5. 更换安全气囊控制单元后，需要重新匹配控制单元。（   ）
6. 安全气囊系统简称SRS。（   ）

三、简答题

简述大众ID.4安全气囊系统的工作原理。

学习活动 2　新能源汽车安全带警告灯常亮故障诊断与排除

一　资讯

情境描述

一辆大众 ID.4 纯电动汽车进厂维修,客户(由教师或学生扮演)反映安全带警告灯点亮。4s 店维修技师经过检查,怀疑安全带锁扣传感器的信号电路接触不良造成,确认故障现象后,需要对该故障进行诊断与排除。

学生接受大众 ID.4 纯电动汽车安全带警告灯常亮故障诊断与排除任务后,与客户充分沟通,在规定时间内进行工作任务确认,生成环检问诊单;通过查阅维修手册,结合故障分析,编制安全带警告灯常亮故障诊断任务实施方案,包括诊断步骤、时间及人员安排、所需工具、注意事项等;以独立或小组合作的方式,按照任务实施方案和作业流程,参照维修手册,准备工具、仪器设备、耗材物料,使用诊断设备和工具,对车辆驾驶员安全带开关、乘员安全带开关、乘员识别传感器、安全带预紧器等部件、控制线路及控制模块等实施数据检测、故障码读取、故障部位查找、故障点修复作业;自检合格后,填写任务工单并进行质量检验;同时,学生应在教师指导下总结任务实施过程,撰写任务实施指导书。学生在工作过程中要具有成本意识,遵守现场工作管理规范。

任务要求

请你根据任务情境描述,在规定的时间内,分别完成大众 ID.4 纯电动汽车安全带警告灯常亮故障诊断与排除的方案编制和故障的基本检查实施:

(1)请列出需要和车主沟通的内容;

(2)请完成安全带系统目视检查、功能检查,填写好环检问诊单;

(3)请查阅该车型的维修手册,查看大众 ID.4 纯电动汽车安全带系统部件图及电路图,列出可能产生的故障原因,并说明理由;

(4)请根据情境描述的故障现象,查阅维修手册等资料,制定一份尽可能详细的安全带警告灯常亮的故障诊断与排除的解决方案,并全面而细致地说明采取此方案的理由;

(5)请查阅维修手册,对安全带系统进行基本检查;

(6)请列出在安全带系统基本检查过程中需要注意的事项。

新能源汽车电器故障诊断与排除

任务分组

全班学生分成若干个学习小组,每小组4~6人。
班组长:负责任务布置,组员分工。
服务顾问:负责接待问诊,基本检查,故障现象确认。
配件管理员:负责耗材准备。
工具管理员:负责工具设备准备,维修资料查阅。
维修技师:负责实施维修操作。
车间主管:负责实施维修质量检验。

安全带功能

1.安全带的作用

汽车安全带是重要的乘员保护约束设施之一,其作用是在车辆发生碰撞或使用紧急制动时,将乘员牢牢固定在座椅上,防止发生二次碰撞。安全带可约束乘员位移和起到缓冲作用,吸收撞击能量,化解惯性力,避免驾乘人员受伤或减轻受伤程度。

2.汽车安全带的类型

汽车安全带的类型如图4-9所示,可分为两点式安全带(腰带式、肩带式)、三点式安全带和全背式安全带。

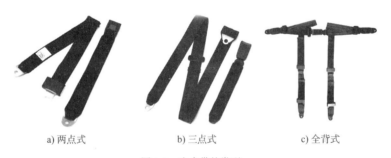

a) 两点式　　　　b) 三点式　　　　c) 全背式

图4-9　安全带的类型

两点式安全带:可分为腰带式和肩带式两种。前者是用于限制乘员下躯体向前运动的安全带,虽不能保护人体上身安全,但能有效地防止乘员被抛出车外,多用于后排座椅和中间座椅。后者是用于限制乘员上躯体向前运动的安全带,盛行于欧洲,但美国、日本、澳大利亚等国并不采用。

三点式安全带:其在两点式安全带(腰带式)的基础上增加了肩带,可同时防止乘员躯体前移和上半身前倾,增强了乘员的安全性,是目前使用最普遍的一种安全带。

全背式安全带:是一种乘员保护性最好的安全带,其固定点多为四个,但在实用性方面还存在一定问题,目前多用于赛车上。

3.汽车安全带的组成

汽车安全带由织带、卷收器、锁扣、导向器、高度调整机构、预紧器和锁紧装置等组成,如图4-10所示。

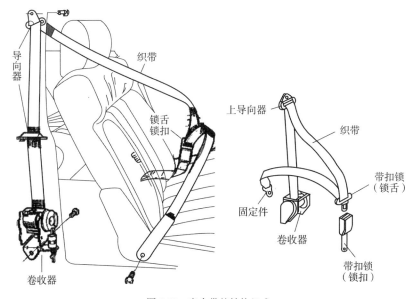

图4-10 安全带的结构组成

1)织带

织带的主要材料是聚酯,宽度一般在48 mm左右,厚度一般为1.1~1.2 mm;一般织带伸长率可在5%~23%范围内变化。

2)卷收器

(1)调整织带长度。在正常情况下,将织带放长或收短,以适应使用者身材,一旦使用者将安全带扣好,卷收器就可以将过长的织带收回,让织带以适当的收卷力拉控住使用者。

(2)当汽车发生事故时,卷收器可以在瞬间将织带锁起来而不让它伸展,从而固定住使用者不致前冲。

安全带系统中,安全带与一个卷收器相连。卷收器的核心元件是卷轴,它与安全带的一端相连。在卷收器内部,一个弹簧为卷轴提供旋转作用力(或扭矩),旋转卷轴,卷起松弛的安全带。拉出安全带时,卷轴将逆时针旋转,并使相连的弹簧也沿相同方向旋转。此时旋转的卷轴反扭弹簧。如果松开安全带,弹簧力顺时针旋转卷轴,使安全带张紧,如图4-11所示。

图 4-11　卷收器结构示意图

3）卷收器锁定机构

卷收器有锁定机构,可在汽车发生碰撞时停止卷轴的旋转。有两种常用的锁定系统,汽车运动触发的系统和安全带运动触发的系统。

(1) 汽车运动触发的卷收器锁定机构。

该机构可在汽车迅速减速(如当汽车撞上某物体)时锁定卷轴。原理是,当汽车突然停止时,惯性会导致重锤向前摆动。重锤另一端的棘爪被顶起,棘爪卡住了带齿棘轮的一个轮齿,因而齿轮便无法逆时针旋转,从而使与之相连的卷轴也无法旋转。当撞击后松开安全带时,齿轮会顺时针旋转,重锤复位,棘爪与棘轮分开,如图 4-12 所示。

(2) 安全带运动触发的卷收器锁定系统。

系统在猛拉安全带时,利用卷轴旋转的速度作为激活动力锁定卷轴。在旋转卷轴上安装了一个加重摆杆。当卷轴缓慢旋转时,摆杆并不摆动。一个弹簧使它保持在原来的位置。但当猛拉安全带时,卷轴将快速旋转,离心力驱使摆杆的加重端向外摆动,伸长的摆杆会推动卷收器壳上的凸轮。凸轮通过滑动销与一个旋转棘爪相连。当凸轮移到左侧时,滑动销沿棘爪的槽口移动。这会将棘爪逆时针移动插入与卷轴相连的旋转棘轮。棘爪锁入轮齿,禁止棘轮逆时针旋转,如图 4-13 所示。

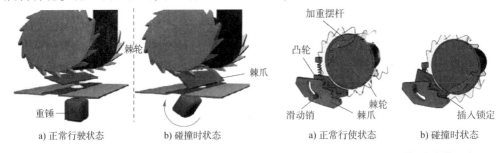

图 4-12　卷收器锁止机构(汽车运动)　　图 4-13　卷收器锁止机构(安全带运动)

汽车运动触发的卷收器是发生碰撞时马上动作锁紧安全带,而安全带运动触发的卷收器是发生碰撞后乘员前冲带动安全带时才动作,因此汽车运动触发的卷收器动作快于安全带运动触发的。

4）锁扣

锁扣是把乘员约束在安全带内,又能快速解脱的连接装置,其功用是接合或脱开安全带,如图 4-14 所示。现在一般在锁扣中有一个微动开关,锁舌没有插入时,开关闭合,可以接通安全带报警灯;并且给控制单元一个信号,当汽车车速达一定值时,进行灯光和语音报警,提醒驾乘人员系上安全带。

5)预紧器

当汽车发生碰撞事故的一瞬间,乘员尚未向前移动时它会首先拉紧织带,立即将乘员紧紧地

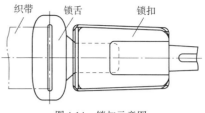

图4-14 锁扣示意图

绑在座椅上,然后锁止织带防止乘员身体前倾,有效保护乘员的安全。当车速发生急剧变化时,能够在10 ms左右加强对乘员的约束力。

预紧器有齿条式、拉索式、钢球式三种类型,如图4-15所示。

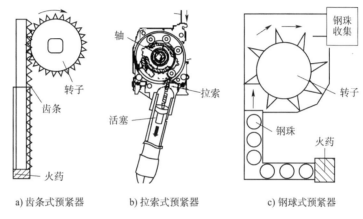

a) 齿条式预紧器　　　b) 拉索式预紧器　　　c) 钢球式预紧器

图4-15 三种预紧器示意图

(1)齿条式预紧器。

齿条式预紧器有一个含易爆点火材料的小燃烧室。这个小燃烧室带有两个电极,并连接至中央处理器。当中央处理器探测到撞击时,立即在电极上施加一个电流,电

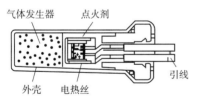

图4-16 齿条式预紧器原理图

流流到传爆管的电热丝而点燃点火剂,火焰随即在极短的时间内传到气体发生剂,产生高压气体,推动活塞运行,活塞的一侧固定有一个齿条。当活塞弹起时,齿条将与一个连接到卷收器卷轴的齿轮啮合。高速运动的齿条会快速旋转卷轴,从而卷起安全带,如图4-16所示。

(2)拉索式预紧器。

拉索式预紧器在汽车发生碰撞时控制单元使传爆管的电热丝通电发热,点燃点火剂,火焰随即在极短的时间内传到气体发生剂,产生高压气体,推动活塞运行,拉索使卷收器收紧,拉索式预紧器动作时可以通过转动卷收器收紧安全带,也可以通过拉动锁扣来预紧安全带,还可以通过将整个卷收器向后拉来收紧安全带。

(3)钢球式预紧器。

钢球式预紧器工作原理同齿条式预紧器,在汽车发生碰撞时控制单元使传爆管的

电热丝通电发热,点燃点火剂,火焰随即在极短的时间内传到气体发生剂,产生高压气体,推动活塞运行,钢球使卷收器收紧。

三种预紧器的比较:由于钢球式预紧器具有结构紧凑、体积小巧及质量轻等优点,任何车型都可以匹配,因此目前的市场份额达95%左右。由于生产量巨大,因此其价格相对便宜,一致性控制较好。

6)卷收器负载限制器

在剧烈撞击中(如当汽车与某障碍物高速相撞时),随着乘员惯性速度的增加,需要更大的力才能使乘员停下来。撞击时运动速度越快,安全带对人体施加的作用力就越大。安全带的作用力会对人体造成相应的伤害。安全带系统使用负载限制器来尽可能减少对人体造成的伤害。负载限制器的设计理念是:当有巨大的作用力施加到安全带上时,额外释放更多安全带。最简单的负载限制器是缝制在安全带中的折叠带束。当施加到安全带上的作用力达到特定值时,用来固定折叠带束的缝线将会断裂。当缝线断开时,安全带的折叠部分便随即展开,从而使安全带能够再伸长来缓冲人体冲击力。另一种负载限制器在卷收器轴芯里设置一根钢质扭转棒。一端固定于壳体,另一端固定在旋转的卷轴上。在轻度事故中,扭转棒将保持形状不变,卷轴将使用锁定机构进行锁定。当负荷达到预定情况时,扭转棒即开始扭曲,这样就在一定程度上放松了安全带,实现了安全带的拉力限制功能。

4. 汽车安全带的常见故障及检测方法

1)安全带拉不动

安全带是为了防止乘员被抛出车外或撞向仪表板而设计的保护装置,因此猛拉安全带就会导致无法拉动的情况,尝试匀速拉动安全带。

2)安全带收回时不自如

安全带松开却不能及时收回,可能是安全带过脏造成的,应及时清洁,若清洁后收回仍不顺利,需做进一步检测。

3)安全带警告灯常亮

(1)若警告灯亮时乘员没有系安全带,只需系好安全带即可。

(2)若已经系好安全带,警告灯仍亮,故障原因可能是安全带感应器的插座松动,需要重新将插座插紧。

(3)安全带锁扣与气囊控制单元之间的线路、与接地之间的线路及组合仪表内部相关线路等可能存在故障,查阅维修手册使用万用表逐步检查线路电阻。

5. 安全带结构与布线

大众 ID.4 主驾驶侧安全带系统电路由安全带开关 E24、线束插接器 ESVL、J234 控制单元等组成。当安全带插入安全带锁扣时,J234 控制单元会检测到 E24 的插入开关信号,仪表显示单元会熄灭安全带警告灯,当其线路故障时,仪表会亮起故障安全带警告灯。控制电路如图4-17所示。

新能源汽车辅助约束系统工作异常故障诊断与排除 | **学习任务四**

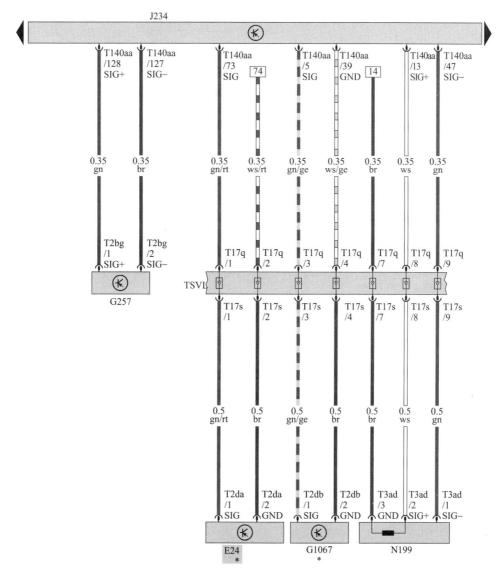

图 4-17 安全带控制电路

任务确认

1. 明确工作任务

（1）请认真阅读工作情境描述，用彩笔标记关键词，并用一句话总结你需要完成的任务及要求。

工作要求

(2)现需要与班组长进行沟通并确认车辆等相关信息,请你列出需要问的问题。

序号	问题
1	
2	
3	
4	
5	

2. 目视检查

(1)检查仪表安全带警告灯,目视安全带组件,以查明其是否有明显损坏、脏污或存在可能导致故障的情况。

(2)连接器接头和振动的支点是主要检查部位,如果是振动造成的故障,建议采用振动法。

①用手指轻轻振动可能有故障的部位,并检查是否出现故障。

②在垂直和水平方向轻轻摇动连接器。

③在垂直和水平方向轻轻摇动线束。

3. 安全带警告灯检查

(1)打开车辆点火开关至 ON 挡,当驾驶员座椅安全带松开时,检查组合仪表上驾驶员座椅安全带警告灯是否闪烁点亮,当安全带紧固时检查组合仪表上安全带警告灯是否熄灭,若安全带警告灯常亮,说明安全带系统存在故障,应进行检修。

(2)使用 VW VAS 6150E 诊断仪读取辅助约束系统(SRS)控制单元故障码。

(3)清除故障码。

(4)关闭车辆电源开关等待 20 s 后重新上电,再次读取故障码。

(5)使用 VW VAS 6150E 诊断仪读取 SRS 控制单元相关数据流,依据故障码及数据流判断控制单元是否存在故障。

4. 故障现象确认

(1)打开点火开关,观察组合仪表,发现安全带警告灯常亮。

(2)SRS ECU 控制单元存储_____故障码。

(3)SRS ECU 数据流显示_____信号缺失。

进一步确认故障现象为:_____。

5. 环检问诊单填写

请根据沟通内容、目视检查、安全带警告灯检查以及故障现象填写完成环检问诊单。

某店车辆环检问诊单

是否预约　是□　否□　　车牌号＿＿＿＿＿＿　　接车时间：　年　月　日　时　分

基本信息	车主□ 送修人□	姓名		车型		购车日期	
		电话		备用电话		总里程	
		VIN 码				EV 里程	

顾客描述	维　护：□首次维护　□强制维护　□一般维护　□常规维护
	发动机：□难起动　□急速不稳　□动力不足　□油耗高
	□易熄火　□抖动　□加速不良
	异　响：□发动机　□底盘　□行驶　□变速器
	□制动　□仪表台　□座椅或车门
	灯　亮：□发动机故障灯　□SVS 灯　□ABS 灯　□空气囊灯
	□机油压力报警灯　□胎压报警　□EPS 灯/REPS 灯　□ESP 灯
	□充电系统灯　□动力系统故障灯　□电机故障灯　□主警告指示灯
	□动力蓄电池故障灯　□发动机冷却液报警灯　□电机冷却液报警灯
	空　调：□不制冷　□异响　□有异味　□出风冷热不均
	漏　水：□冷却液　□车身　□天窗　□前风窗玻璃
	□后风窗玻璃
	漏　油：□发动机　□变速器　□制动　□转向
	事　故：□保险事故整形油漆　□局部整形补漆
	具体描述(5W2H)：

物品确认 (有打√，无打×)	□备胎　□随车工具　□灭火器　□点烟器　□警示牌　□充电线 □其他＿＿＿＿

环车检查	内饰检查□　　　　外观检查□ 检查结果：良好打√　异常打×	油量 F／E 电量 ＿＿%

服务顾问提醒	1. 维修旧件(非索赔件)处理：□顾客要求带走　□顾客选择不带走 2. 维修后洗车：　□洗车　□不洗车 3. 维修后充电：　□充电　□不充电 　　　　　　　　□预估充电用时＿＿＿＿ 4. 已提醒您将车内贵重物品带离车辆并妥善保管。□已确认
	服务顾问　　　　　　　　　　顾客签字

服务/技术顾问初步建议	签名：

维修班组诊断结果	维修项目	所需备件	备件确认	索赔确认
			□有□无	□是□否
			□有□无	□是□否
			□有□无	□是□否

三 决策

故障信息

(1)连接故障诊断仪 VW VAS 6150E,按下一键启动开关,打开故障诊断仪,进入数据总线诊断接口,读取并记录相关故障码与数据流。车辆下电后清除故障码,车辆再次上电后,使用故障诊断仪再次读取故障码并和之前的故障码进行对比,分析故障码的性质。

故障码	故障含义
数据流	数据流相应参数
安全带开关-状态	未插入

(2)查阅维修手册或维修资料,并在下方图框处画出大众 ID.4 安全带开关、拉紧器控制单元及座椅占用传感器的电路图。

（3）根据电路图分析大众 ID.4 安全带警告灯常亮的故障原因，讨论并完成下面的故障分析图（思维导图）。

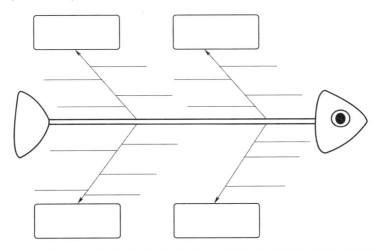

（4）通过查阅维修手册，结合故障分析，编制安全带警告灯常亮故障诊断实施方案。

诊断步骤

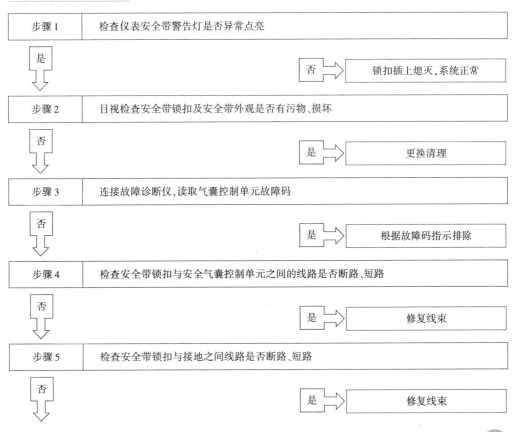

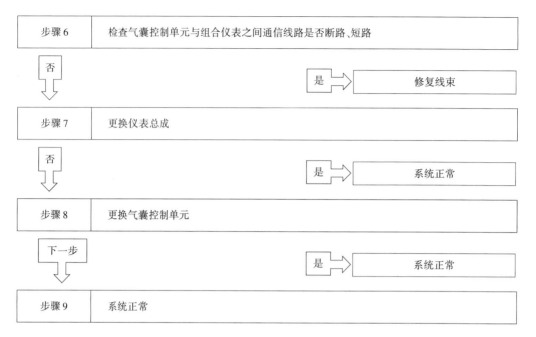

(1)确认仪表安全带警告灯是否插上锁扣后熄灭。
(2)确认修理完成。

人员安排

请小组商量后,决定每个小组成员的角色及任务分工。

班级		组号		指导教师	
组长		角色及任务分工			
组员1		角色及任务分工			
组员2		角色及任务分工			
组员3		角色及任务分工			
组员4		角色及任务分工			
组员5		角色及任务分工			

工具准备

请根据相应的故障诊断需求,列出所需的工具设备清单。

新能源汽车辅助约束系统工作异常故障诊断与排除 | **学习任务四**

序号	工具及材料名称	单位	数量	备注
1	常用维修工具（视车型而定）	套		
2	实训车辆	台		
3	解码仪（视车型而定）	个		
4	万用表	个		
5	内饰撬板	个		

注意事项

请根据操作条件及故障诊断的需求，列举出各工序的注意事项。

序号	维修工序内容	注意事项
1	查阅维修手册，读取故障信息，制订操作流程	
2	安全带外观、安全带锁扣功能检查	
3	气囊控制单元和安全带开关线路测量	
4	元件、模块、线路修复、更换	
5	复检	

四、实施

序号	操作示意图	操作方法	备注
1		将安全带从安全带自动回卷装置中完全拉出，检查是否有污物，必要时用温和肥皂液清洗	安全带应能完全缓慢拉出，无污物

续上表

序号	操作示意图	操作方法	备注
2		从安全带自动回卷装置中迅速用力抽出安全带织带,检查锁止功能	迅速拉出应触发锁止功能
3		目视检查安全带锁扣是否有裂缝或裂口	锁扣应无裂纹、裂开
4		将锁舌推入安全带锁扣,直到听到咔哒啮合声。用力拉动安全带织带,检查闭合机构是否锁止	连续5次反复检查,若有一次没有锁止,则须整体更换

续上表

序号	操作示意图	操作方法	备注
5		用手指按压安全带锁扣按钮,松开安全带,在松开安全带织带时,锁舌必须自动从安全带锁扣中弹出	连续5次反复检查,若有一次没有弹出,则须整体更换
6		打开电源开关,连接故障诊断仪,读取系统故障码,有故障码则按故障码指示排除	确认故障信息
7		测量安全带开关E24端子1#、2#与座椅连接插头T18S端子1#、2#之间线路电阻	电阻应小于1Ω

续上表

序号	操作示意图	操作方法	备注
8		测量座椅插头T17q 2#至地电阻、T17q 1#与J234 T140aa 73#之间电阻	电阻应小于1Ω
9		测量驾驶员侧安全带开关E24端子T17q 1#与J234 73#之间电阻,显示电阻无穷大,修复线束,再测电阻	修复后,电阻应小于1Ω

五、检查

用故障诊断仪 VW VAS 6150E 读取故障码,根据诊断仪读出故障类型。

(1) 关闭点火开关。

(2) 将故障诊断仪连接到汽车故障诊断接口(U31)。

(3) 按照诊断仪上的提示读出故障码(DTC)。

(4) 清除故障码。

(5) 再次读取故障码(根据是否依然存在故障码,在相应的横线上画√)。

是＿＿＿＿＿否＿＿＿＿＿

(6) 验证安全带警告灯是否自检后熄灭。

(7) 整理,恢复作业场地。

六、评估

📋 **活动总结** >>>

（一）请根据工作过程填写大众 ID.4 纯电动汽车安全带警告灯常亮故障诊断与排除任务工单

安全带警告灯常亮故障诊断与排除任务工单				班级：	
				姓名：	
1. 车辆信息记录					
品牌		整车型号		生产年月	
驱动电机型号		动力蓄电池电量		行驶里程	
车辆识别代号					
2. 作业场地准备					
是否设置隔离栏				□是	□否
是否设置安全警示牌				□是	□否
灭火器压力是否正常，灭火器是否在有效期内				□是	□否
是否安装车辆挡块				□是	□否
3. 记录故障现象					
4. 使用故障诊断仪读取故障码、数据流					
故障码					
数据流					
5. 绘制相关电路图					

续上表

6.故障检测				
检测对象	检测条件	检测值	标准值	结果判断

7.故障确认		
故障点	故障类型	维修措施

8.竣工检验	
安全带警告灯是否正常工作	□是　　□否

9.作业场地恢复	
是否拆卸车内三件套	□是　　□否
是否拆卸翼子板布	□是　　□否
是否将高压警示牌等放至原位置	□是　　□否
是否清洁、整理场地	□是　　□否

(二)请根据工作过程撰写大众ID.4纯电动汽车安全带警告灯常亮故障诊断与排除技术总结

大众ID.4纯电动汽车安全带警告灯常亮故障诊断与排除技术总结
1.故障现象
2.故障原因
3.故障基本检查过程
4.经验和不足

活动评价

根据学习过程评价表进行自评、互评、教师评价。

安全带警告灯常亮故障诊断与排除			实习日期：	
姓名：	班级：		学号：	教师签名：
自评：□熟练　□不熟练	互评：□熟练　□不熟练		师评：□合格　□不合格	
日期：	日期：		日期：	
安全带警告灯常亮故障诊断与排除【评分细则】							

序号	评分项	得分条件	得分	评分要求	自评	互评	师评
1	安全/8S/态度	□1）能进行工位8S操作 □2）能进行设备和工具安全检查 □3）能进行车辆安全防护操作 □4）能进行工具清洁、校准、存放操作 □5）能进行三不落地操作		满分15分，每未完成1项扣3分	□熟练 □不熟练	□熟练 □不熟练	□合格 □不合格
2	专业技能能力	□1）能正确地读取安全气囊系统故障码及数据流 □2）能正确规范地检查安全带、锁扣及相关线路 □3）能正确使用万用表测量安全带插头及相关线路电压及进行搭铁检查		满分50分，每未完成1项扣5分	□熟练 □不熟练	□熟练 □不熟练	□合格 □不合格
3	工具及设备的使用能力	□能正确地使用维修工具		满分10分，每未完成1项扣3分	□熟练 □不熟练	□熟练 □不熟练	□合格 □不合格
4	资料、信息查询能力	□1）能正确地使用维修手册查询资料 □2）能正确地记录所需维修信息		满分10分，每未完成1项扣3分	□熟练 □不熟练	□熟练 □不熟练	□合格 □不合格
5	数据判断和分析能力	□1）能判断SRS ECU所报故障码的含义 □2）能判断气囊线束插接器各端子异常的电压、电阻值		满分10分，每未完成1项扣3分	□熟练 □不熟练	□熟练 □不熟练	□合格 □不合格

续上表

序号	评分项	得分条件	得分	评分要求	自评	互评	师评
6	表单填写和报告撰写的能力	□1）字迹清晰 □2）语句通顺 □3）无错别字 □4）无涂改 □5）无抄袭		满分5分，每未完成1项扣1分	□熟练 □不熟练	□熟练 □不熟练	□合格 □不合格
总分：							

学习活动测评

一、填空题

1. 安全带常见类型有_____、_____、_____。
2. 安全带主要由_____、_____和_____组成。
3. 安全带常见故障有_____、_____、_____。
4. 安全带预紧器有_____、_____、_____三种类型。

二、判断题

1. 安全带脏污不会造成仪表警告灯点亮。（　　）
2. 安全带有单点式、两点式、三点式。（　　）
3. 安全带和安全气囊缺一不可，须同时配备。（　　）
4. 卷收器的作用是用于收卷、存储。（　　）
5. 安全带故障灯常亮，应立即前往就近4S店维修。（　　）
6. 安全带主要由织带、卷收器、固定机构三部分组成。（　　）

三、简答题

简述大众ID.4安全带卷收器的工作原理。

学习任务五

新能源汽车车载网络无法通信故障诊断与排除

学习目标

知识目标

1. 能阅读维修工单,根据班组长的描述及车载网络通信系统(包括 CAN 线系统和 LIN 线系统)基本检查操作确认故障现象,填写车辆信息和故障信息。

2. 能查阅维修手册,分析新能源汽车车载网络通信系统结构及工作原理,结合故障现象,分析故障原因,制定检修方案。

3. 能根据检测结果及故障原因分析,确定车载网络无法通信维修项目,并征得班组长的同意。

4. 能根据维修方案,参照维修手册,按照车载网络无法通信维修规范使用万用表等检测工具对车载网络通信系统各部件进行检测,并通过线路修复或部件更换的方式使车载网络通信系统性能恢复正常。维修作业遵守汽车厂家操作规定、安全生产制度、环保管理制度及"8S"管理规定,养成良好的职业规则意识。

5. 能根据车载网络通信系统运行性能要求对维修结果进行自检并记录结果和维修维护建议等信息,交给班组长检验。

6. 能撰写车载网络无法通信维修技术总结,包括撰写故障现象、原因分析、排除方法,总结维修过程中经验和不足,并提出改进性建议。

技能目标

1. 具备正确使用新能源汽车常用拆卸工具的能力。
2. 具备规范拆卸与安装新能源汽车车载网络通信系统的能力。
3. 具备识读新能源汽车车载网络通信系统的控制电路并画出其控制电路简图的能力。
4. 具备对新能源汽车车载网络通信系统故障现象制定故障诊断方案的能力。
5. 具备撰写新能源汽车车载网络通信系统维修技术总结的能力。

素养目标

1. 提升抗压能力、抗挫能力。

新能源汽车电器故障诊断与排除

2.能够在工作过程中与小组其他成员合作、交流,养成团队合作意识,锻炼沟通能力。

3.具备与本专业职业发展相适应的劳动素养、劳动技能。

4.履行道德准则和行为规范,具备社会责任感和社会参与意识。

建议学时

44学时

学习活动

学习活动1　新能源汽车CAN线系统无法通信故障诊断与排除
学习活动2　新能源汽车LIN线系统无法通信故障诊断与排除

学习活动1　新能源汽车CAN线系统无法通信故障诊断与排除

情境描述

一辆大众ID.4纯电动汽车进厂维修,客户(由教师或学生扮演)反映车辆行驶时,仪表盘显示"总线通信故障",并伴有警告音,里程表也无法显示。经确认故障现象后,初步判断为汽车车载网络通信CAN线系统故障,需要对该故障进行诊断与排除。

学生接受大众ID.4纯电动汽车CAN线系统无法通信故障诊断与排除任务后,与客户充分沟通,在规定时间内进行工作任务确认,生成环检问诊单;通过查阅维修手册,结合故障分析,编制CAN线系统无法通信故障诊断任务实施方案,包括诊断步骤、时间及人员安排、所需工具、注意事项等;以独立或小组合作的方式,按照任务实施方案和作业流程,参照维修手册,准备工具、仪器设备、耗材物料,使用诊断设备和工具,对车辆元件、控制线路及控制模块等实施数据检测、故障码读取、故障部位查找、故障点修复作业;自检合格后,填写任务工单并进行质量检验;同时,学生应在教师指导下总结任务实施过程,撰写任务实施指导书。学生在工作过程中要具有成本意识,遵守现场工作管理规范。

任务要求

请你根据任务情境描述,在规定的时间内,分别完成大众ID.4纯电动汽车CAN

线系统无法通信故障诊断与排除的方案编制和故障的基本检查实施:

(1)请列出需要和车主沟通的内容;

(2)完成车辆的环车检查,填写好环检问诊单;

(3)请查阅该车型的维修手册,查看大众 ID.4 纯电动汽车 CAN 线系统的电路图,列出可能的故障原因,并说明理由;

(4)根据情境描述的故障现象,查阅维修手册等资料,制定一份尽可能详细的大众 ID.4 纯电动汽车 CAN 线系统故障诊断与排除的解决方案,并全面而细致地说明采取此方案的理由;

(5)查阅维修手册,对车辆 CAN 线系统进行基本检查;

(6)请列出在汽车 CAN 线系统基本检查过程中需要注意的事项。

任务分组

全班学生分成若干个学习小组,每小组 4~6 人。

班组长:负责任务布置,组员分工。

服务顾问:负责接待问诊,基本检查,故障现象确认。

配件管理员:负责耗材准备。

工具管理员:负责工具设备准备,维修资料查阅。

维修技师:负责实施维修操作。

车间主管:负责实施维修质量检验。

计划

知识链接

CAN 是 controller area network 的缩写,即控制器局域网络。1980 年,为了适应汽车减少线束数量和数据高速可靠通信的要求,博世(BOSCH)公司的工程师们开始设计新型串行总线,并于 1986 年提出了 CAN 总线,它主要用于汽车内部大量控制器、测试仪器及执行装置之间的数据通信。目前 CAN 总线是汽车车载网络系统中应用最多、最主流的一种总线技术。

1. CAN 总线的基本概念

CAN 是一种通过标准集成电路实现的具有高可靠性的串行通信协议。它是为串行通信提供位定时、帧格式、信息识别、数据传送、确认和错误检测的通信协议。CAN 总线可以用点对点、一点对多点及全局广播几种方式发送和接收数据,而汽车 CAN 总线的信息传送方式采用的是全局广播式传输,也就是说每个控制单元不指定接收者,而是把所有的信息都往外发送,由接收控制器自主选择是否需要接收这些信息。

(1)CAN 报文。报文是 CPU 和 CAN 控制器通信的主要手段,总线上的信息以不同固定格式的报文发送,但长度有限制,当总线开放时,任何连接的节点均可开始发送一个新报文。

(2)标识符。标识符在传送的帧的仲裁域中,给出的不是目标节点地址,而是这个帧的特征。帧以广播的方式在总线上发送,所有节点都可以接收到,节点接收到一帧后,通过标识符确定是否存储这一帧数据。

(3)优先级。在总线访问期间,标识符 ID 定义了一个报文的优先级,标识符小,优先级高。

(4)远程数据请求。通过发送一个远程帧,需要数据的节点可以请求另一个节点发送一个相应的数据帧,该数据帧相对应的远程帧以相同的标识符 ID 命名。

(5)多主站。当总线开放时,任何节点均可开始发送报文,发送具有最高优先权报文的节点获得总线访问权。

(6)仲裁及仲裁过程。当总线开放时,任何节点均可开始发送报文,若同时有 2 个或更多的节点开始发送报文,总线访问冲突运用逐位仲裁规则,借助标识符 ID 解决。这种仲裁规则可以使信息和时间均无损失。若具有相同标识符 ID 的一个数据帧和一个远程帧同时初始化,数据帧优先于远程帧。仲裁期间,每一个发送器都对发送位电平与总线上被监视电平进行比较,若相同,则该节点可以继续发送。当发送一个"隐性"电平,而监视到"显性"电平时,该节点退出仲裁,并且不应再传送后续位。

(7)睡眠/唤醒。为降低系统功耗,CAN 总线可被置于无任何内部活动的睡眠模式,相当于未连接总线的驱动器。CAN 总线被任何总线激活或者系统的内部条件被唤醒时,睡眠状态终结。

2. CAN 总线的传输速率

位速率是总线的通信传输速率,单位是 bit/s(位每秒),在 CAN 总线中一般用的单位是 kbit/s 或 Mbit/s。目前,CAN 总线系统中的信号采用数字方式,经过铜导线传输,其最大稳定传输速率可以达到 1 Mbit/s。但 CAN 总线的最高位速率和通信距离有很大的关系,通信距离越远,位速率越低。

大众和奥迪公司将最大标准传输速率规定为 500 kbit/s,即高速 CAN 总线;最小标准传输速率规定为 100 kbit/s,即低速 CAN 总线。由于汽车不同控制器对 CAN 总线的传输速率要求不同,最初大众汽车公司将 CAN 总线人为设定为 5 条,分别为驱动(动力)、舒适、信息、仪表及诊断总线,其中驱动(动力)和诊断总线采用传输速率为 500 kbit/s 的高速 CAN 总线,其余三条采用传输速率为 100 kbit/s 的低速 CAN 总线。但是随着生产技术的发展和车辆的需求,传输速率为 100 kbit/s 的低速 CAN 总线的应用会越来越少。近几年大众的 MQB 平台的车辆 CAN 总线采用的均是传输速率为 500 kbit/s 的高速 CAN 总线,CAN 总线按功能划分为 6 条,分别为驱动(动力)系统、底盘、舒适系统、信息娱乐系统、诊断系统、扩展总线,大众 MQB 平台网络拓扑如图 5-1 所示。

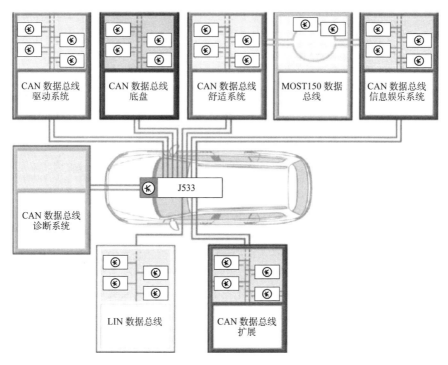

图 5-1　大众 MQB 平台网络拓扑

3. CAN 总线的结构特点

（1）可靠性高。系统能将数据传输故障准确地识别出来，且即使某一控制单元出现故障，其他控制单元还可以保持原有功能。

（2）数据密度大。所有控制单元任一瞬时的信息状态均相同，控制单元之间没有数据偏差。若系统某一处有故障，那么总线上所有连接的元件都会得到通知。

（3）数据传输快。网络中各控制单元之间的数据交换速率很快，这样才能满足数据传输的实时要求。

（4）采用双线传输，抗干扰能力强，数据传输的可靠性高。

（5）减少了线束的数量和线束的体积，节省成本，减轻车重。

（6）采用通用传感器，同时网络结构将各控制系统紧密连接，不仅达到了数据共享的目的，而且各控制系统的协调性可进一步提高。

（7）CAN 协议废除了传统的站地址编码，采用对通信数据块进行编码的方式，使网络内的节点个数在理论上不受限制。

（8）增强了系统的灵活性，即通过系统的软件可以实现系统功能的变化。

（9）可为诊断提供通用的接口，利用多功能测试仪对数据进行测试与诊断，方便了维修人员对电子系统进行维护和故障检修。

4. CAN 总线的组成及功能

1）CAN 总线的组成

CAN 总线由发动机电控单元、传输介质（双绞线）和终端电阻组成，如图 5-2 所示。

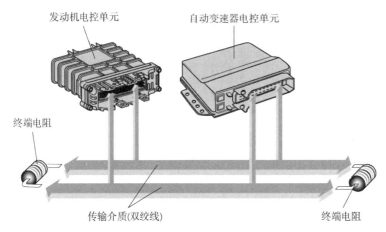

图 5-2　CAN 总线的组成

（1）发动机电控单元。CAN 总线连接的发动机电控单元又称为 CAN 总线上的节点。理论上来讲，CAN 总线可以连接无穷多个节点，但实际上受通信距离越长、传输速率越低的限制，车载 CAN 总线的节点数量可超过 100 个。

CAN 总线的电控单元由输入电路、输出电路、微控制器、CAN 控制器、光电隔离电路、CAN 收发器组成，如图 5-3 所示。

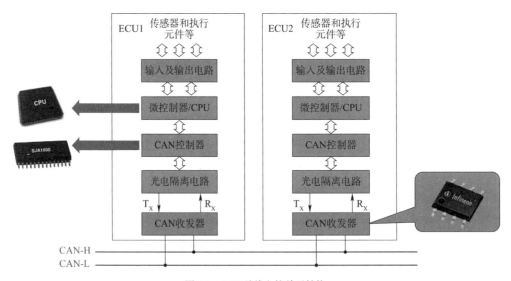

图 5-3　CAN 总线电控单元结构

①输入电路。输入电路用来接收来自传感器和控制开关的输入信号，并将输入信号转换为单片机可接收的数字信号。

②输出电路。输出电路将单片机输出的控制信号转换成能驱动执行器的功率信号，因此输出电路包括放大驱动电路。如果执行器是模拟执行器，需要先将单片机输出的数字信号经数-模（D-A）转换电路转换为模拟信号。

③微控制器。汽车电控单元微控制器使用的是汽车专用增强型单片机，具有较好

的抗振动、耐高温、耐低温、抗电磁干扰性能。有些微控制器里已经包含了信号转换电路和其他专用电路,甚至包含了 CAN 控制器。

④CAN 控制器。独立的 CAN 控制器是基于微控制器的、专用于执行 CAN 总线通信协议的独立数字集成电路芯片,有的 CAN 控制器是将微控制器和 CAN 控制器合成的芯片。

⑤光电隔离电路。以光为媒介传送信号时,能对输入和输出电路进行电气隔离,因而能有效地抑制系统噪声,消除搭铁回路的干扰,提高响应速度,延长使用寿命,减小体积,并提高耐冲击性。

⑥CAN 收发器。CAN 收发器由 CAN 接收器、CAN 发送器和差动转换处理电路组成。微处理器的数据信号为正逻辑信号,经 CAN 发送器中的差动放大器转换为双向差动信号传送到 CAN 总线上。差动信号以负逻辑信号形式表示数据。CAN 接收器是差动式接收放大器,可以将 CAN 总线上双向的差动信号转变为单向的脉冲信号。

CAN 收发器在不发送信号时处于接收状态,并且 CAN 总线在任意时刻只能处于一种状态,要么是"隐性",要么是"显性"。同时差动信号具有抗干扰作用,如图 5-4 所示,输入信号电压等于 CAN-H 信号线电压减去 CAN-L 信号线电压,当受到干扰时,CAN-H 信号线和 CAN-L 信号线的电位同时变化,进而保证了输入信号电压在受到干扰时不会变化,经差动放大电路放大后,输出电压也不会发生变化,从而达到抗干扰的目的。

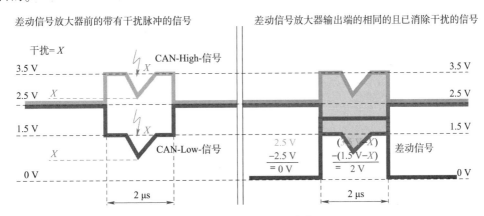

图 5-4　差动信号具有抗干扰作用

（2）CAN 总线传输介质。车辆上的 CAN 数据传输线一般采用的是双绞线,分为 CAN-H 线和 CAN-L 线,双绞线如图 5-5 所示。

图 5-5　双绞线

(3) CAN 终端电阻。在 CAN 总线的两个末端设有两个终端电阻,其目的是防止数据信号在传输线终端被反射并以波的形式返回,数据信号在终端的反射波会影响数据的正常传输。

测量终端电阻时,要先关闭点火开关,等待大约 5 min,使所有的电容器都充分放电,使用数字式万用表测量总阻值,一般车辆的总阻值在 60 Ω 左右。将一个带有终端电阻控制单元的插接器拔下,检测总阻值是否发生变化,插好刚拔下的控制单元插接器,再拔下另一个带终端电阻的控制单元插接器,检测总阻值是否发生变化,若总阻值均发生变化,说明终端电阻都是正常的。

2) CAN 总线的功能

CAN 总线系统元件如图 5-6 所示,主要由 K 线、控制单元、CAN 构件、收发器等组成。

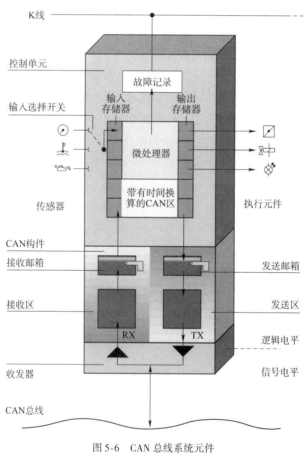

图 5-6 CAN 总线系统元件

(1) K 线。K 线用于在 CAN 总线系统自诊断时连接车辆诊断仪,属于诊断用的通信线。

(2) 控制单元。控制单元接收来自传感器的信号,将其处理后再发送到执行元件上。控制单元中的微控制器上带有输入输出存储器和程序存储器。

(3) CAN 构件。CAN 构件用于数据交换,它分为两个区,一个是接收区,另一个是发送区。CAN 构件一般集成在控制单元的微控制器芯片内。

(4) 收发器。收发器就是一个发送/接收放大器,在发送数据时,收发器把 CAN 构件连续的逻辑电平(比特流)转换成电路传输电平(电压值);当接收数据时,收发器把电路传输电平转换成逻辑电平。电路传输电平非常适合在铜质导线上进行数据传输。收发器通过发送线(TX 线)或接收线(RX 线)与 CAN 构件相连。接收线通过一个放大器直接与 CAN 总线相连,并总是在监听总线信号。

5. CAN 总线常见故障类型及故障波形分析

当 CAN 总线出现故障或数据传输异常时,往往会出现多种故障现象,如仪表板显示异常、车辆无法起动、起动后无法熄灭、车辆动力性能下降、某些电控系统功能失效等。这是因为相关数据或信息是通过 CAN 总线传输的,如果传输失败,就会产生多种连带故障,甚至造成整个网络系统瘫痪。其中最为常见的故障症状是仪表板显示异常。

在检修过程中,首先应查看具体的故障现象,根据故障现象和网络结构图初步分析可能的故障原因;然后使用相关的诊断仪器进行诊断,根据诊断结果制订相应检修方案,做到心中有数,目标明确;接着查找具体的故障部位和原因,同时结合相应的检测方法和测量结果找到故障点,从而彻底排除故障。

CAN 系统常见故障类型分为 CAN-H 线与 CAN-L 线之间互相短路、CAN-H 线对正极短路、CAN-H 线对搭铁短路、CAN-L 线对正极短路、CAN-L 线对搭铁短路、CAN-H 线断路、CAN-L 线断路、CAN-H 线与 CAN-L 线接反等。通过示波器对故障波形进行分析,帮助维修技师缩小故障排查范围,确定故障点的位置以及明确故障发生的原因。在示波器设置中,往往习惯用通道 A 测量 CAN-H 线信号波形,用通道 B 测量 CAN-L 线信号波形。

(1) CAN-H 线与 CAN-L 线之间互相短路。

当 CAN-H 线与 CAN-L 线短路时,CAN 会关闭,无法进行通信,会有相应的网络故障码。CAN-H 线与 CAN-L 线短路的故障波形如图 5-7 所示。

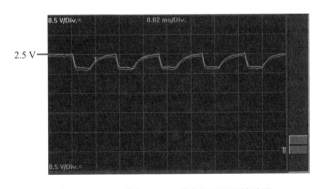

图 5-7　CAN-H 线与 CAN-L 线之间互相短路波形

当两者相互短路时,CAN 电压电位置于隐性电压值(约 2.5 V)。实际测量两条 CAN 导线的电压,会发现始终在 2.5 V 左右。

故障排除方法:通过插拔 CAN 总线上的控制模块(节点),可以判断是由节点引起的短路还是导线连接引起的短路。逐个断开节点,若电压恢复正常,则说明该节点有问题。若断开所有节点后电压还是没有变化,则说明电路短路。

(2)CAN-H 线对正极短路。

当出现 CAN-H 线对电源(正极)短路故障时,根据 CAN 总线的容错特性,可能出现整个 CAN 无法通信的情况或产生相关故障码。CAN-H 线对电源(正级)短路的总线波形如图 5-8 所示。

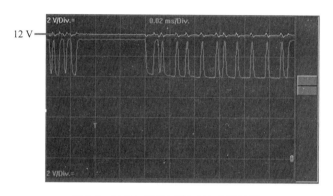

图 5-8　CAN-H 线对电源(正极)短路波形

以对 12 V 电源短路为例,此时 CAN-H 线的电压电位被置于 12 V,CAN-L 线的隐性电压被置于约 12 V。实际测量电压,若 CAN-H 线的电压被置于 12 V,CAN-L 线的电压被置于约 11 V,则说明出现此类故障。

故障原因:是 CAN-H 线对外部电源短路引起的,或者是控制模块内部的 CAN 收发器损坏造成的。

(3)CAN-H 线对搭铁短路。

当出现 CAN-H 线对搭铁短路故障时,根据 CAN 总线的容错特性,可能出现整个 CAN 无法通信的情况或产生相关故障码。

CAN-H 线的电压约为 0 V,CAN-L 线的电压也约为 0 V,可是在 CAN-L 线上能够看到一小部分的电压变化。CAN-H 线对搭铁短路的总线波形如图 5-9 所示。实际测量电压,若 CAN-H 和 CAN-L 的电压均约为 0 V,且非断路问题,则说明出现此类故障。

故障原因:是 CAN-H 线对外部搭铁短路引起的,或者是控制模块内部的 CAN 收发器损坏造成的。

(4)CAN-L 线对正极短路。

当出现 CAN-L 线对电源(正极)短路故障时,根据 CAN 总线的容错特性,可能出现整个 CAN 网无法通信的情况或产生相关故障码。

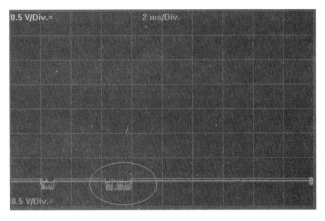

图 5-9　CAN-H 线对搭铁短路波形

由于 CAN-L 线对电源短路,因此 CAN-H 线的电压也被置于 12 V。CAN-L 线对电源(正极)短路的总线波形如图 5-10 所示。实际测量 CAN 导线的电压,若 CAN-L 线和 CAN-H 线的电压都约为 12 V,则说明出现此故障。

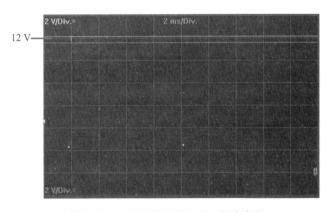

图 5-10　CAN-L 线对电源(正极)短路波形

故障原因:是 CAN-L 线对外部电源短路引起的,或者是控制模块内部的 CAN 收发器损坏造成的。

(5)CAN-L 线对搭铁短路。

当出现 CAN-L 线对搭铁短路故障时,根据 CAN 总线的容错特性,可能出现整个 CAN 无法通信的情况或产生相关故障码。

CAN-L 线的电压约为 0 V,CAN-H 线的隐性电压被降为 0 V,但显性电压基本不变,因此波形被拉长,依然可以传输数据,由此可说明 CAN-L 线对搭铁短路的容错特性较好。CAN-L 线对搭铁短路的总线波形如图 5-11 所示。实际测量 CAN 导线电压,若 CAN-L 线的电压为 0 V,CAN-H 线的电压为 1 V 左右,则说明出现此类故障。

故障原因:是 CAN-L 线对外部搭铁短路引起的,或者是控制模块内部的 CAN 收发器损坏造成的。

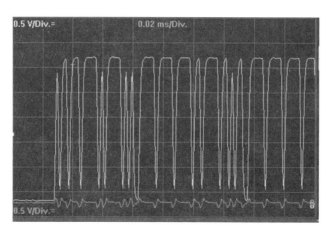

图 5-11 CAN-L 线对搭铁短路波形

（6）CAN-H 线断路。

当某个控制模块 CAN-H 线断路时，会导致该控制模块无法实现通信，但其他控制模块的通信还是有的。在其他的控制模块可能读到此故障模块的故障码。如果多个控制模块的 CAN-H 线出现断路，那么这些控制模块的通信功能都会受到影响。CAN-H 线断路的总线波形如图 5-12 所示。

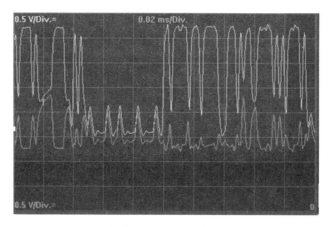

图 5-12 CAN-H 线断路波形

如果出现故障的控制模块带有终端电阻，可以用电阻测量法来判断。测量诊断接口的 CAN-H 线与 CAN-L 线之间的电阻，若变为 120 Ω，则说明有一个终端电阻断路。如果出现故障的控制模块不带终端电阻，那么需要测量该控制模块的 CAN 导线的导通性。

（7）CAN-L 线断路。

当某个控制模块 CAN-L 线断路时，会导致该控制模块无法实现通信，但其他控制模块的通信还是有的。在其他控制模块可能读到此故障模块的故障码。如果多个控制模块的 CAN-L 线出现断路，那么这些控制模块的通信功能都会受到影响。CAN-L 线断路的总线波形如图 5-13 所示。

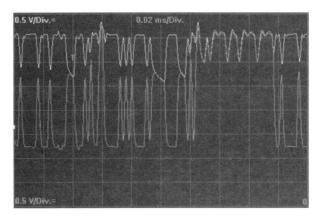

图 5-13　CAN-L 线断路波形

如果出现故障的控制模块带有终端电阻,可以用电阻测量法来判断。测量诊断接口的 CAN-H 线与 CAN-L 线之间的电阻,若变为 120 Ω,则说明有一个终端电阻断路。如果出现故障的控制模块不带终端电阻,那么需要测量该控制模块的 CAN 导线的导通性。

(8) CAN-H 线与 CAN-L 线接反。

当出现 CAN-L 线与 CAN-H 线互相接反的故障时,不一定能马上在示波器上看出信号波形有什么差别。出现差别的频率可能非常低,以至于经过很长时间也不会显示出来,但控制单元无法进行数据交换,当该过程累积多了就会出现"故障帧",生成故障信息。如果发生 CAN-H 线与 CAN-L 线接反的故障,可以按照电路图仔细测量无法进行通信的控制单元和可以通信的控制单元之间的导线,故障肯定就在这两个控制单元之间。CAN-L 线与 CAN-H 线接反的波形如图 5-14 所示。

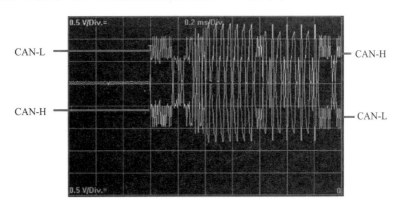

图 5-14　CAN-H 线与 CAN-L 线接反波形

6. 大众 ID.4 CAN 总线系统

大众 ID.4 整车 CAN 系统包括驱动 CAN、舒适 CAN、诊断口总线、高电压蓄电池 CAN、底盘 CAN、驾驶员信息 CAN、通信系统 CAN 等几个网络。其整车网络如图 5-15 所示。

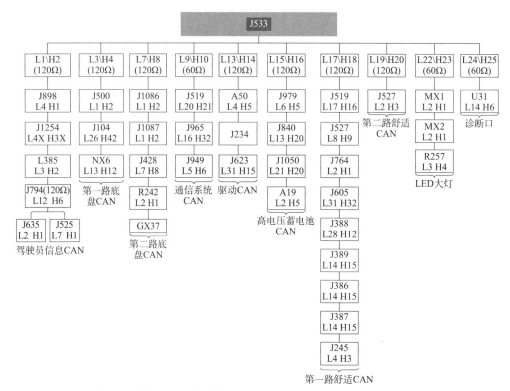

图 5-15 大众 ID.4 整车网络（L-CANL，H-CANH，数字为对应模块针脚号）

J533-数据总线诊断接口；J898-前窗玻璃投影控制单元；J1254-驾驶信息系统控制及显示单元；J519-车载电网控制单元；L385-仪表板内信息动态灯带；J965-进入及起动系统接口；J794-电子通信信息设备控制单元；J949-紧急呼叫模块和通信单元控制单元；A50-后桥上的牵引电机的逆变器；J234-安全气囊控制单元；J500-转向辅助控制单元；J623-发动机控制单元；J104-ABS控制单元；J979-暖风装置和空调器的控制单元；NX6-制动助力器；J840-蓄电池调节控制单元；J1086-盲区识别控制单元；J1050-高电压蓄电池充电器控制单元；J1087-盲区识别控制单元2；A19-变压器；J428-车距调节控制单元；R257-发动机噪声形成执行器1；R242-驾驶员辅助系统的前部摄像头；U31-诊断接口；MX2-右前照灯；J764-转向柱锁止控制单元；J605-行李舱盖控制单元；J388-左后车门控制单元；J389-右后车门控制单元；J386-驾驶员侧车门控制单元；J387-副驾驶员侧车门控制单元；J245-滑动天窗控制单元；J527-转向柱电子装置控制单元；MX1-左前照灯

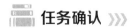 任务确认

1. 明确工作任务

（1）请认真阅读工作情境描述，用彩笔标记关键词，并用一句话总结你需要完成的任务及要求。

工作要求

(2)现需要与班组长进行沟通并确认车辆等相关信息,请你列出需要问的问题。

序号	问题
1	
2	
3	
4	
5	

2.环车检查

环车检查包括车内检查项目、车外观检查项目、机舱检查项目、行李舱检查项目和上升举升机检查项目,具体项目与学习任务一的学习活动1相同。

3.故障现象确认

(1)打开点火开关,观察组合仪表,发现点亮。

(2)使用 VW VAS 6150E 诊断仪读取控制单元故障码,确认故障现象。

进一步确认故障现象为:_____。

4.环检问诊单填写

请根据沟通内容、环车检查以及故障现象填写完成环检问诊单。

某店车辆环检问诊单

是否预约　是□　否□　车牌号_____　接车时间:　年　月　日　时　分

基本信息	车主□ 送修人□	姓名		车型		购车日期	
		电话		备用电话		总里程	
		VIN 码				EV 里程	

顾客描述				
维　护:□首次维护	□强制维护	□一般维护	□常规维护
发动机:□难起动	□怠速不稳	□动力不足	□油耗高
□易熄火	□抖动	□加速不良	
异　响:□发动机	□底盘	□行驶	□变速器
□制动	□仪表台	□座椅或车门	
灯　亮:□发动机故障灯	□SVS 灯	□ABS 灯	□空气囊灯
□机油压力报警灯	□胎压报警灯	□EPS 灯/REPS 灯	□ESP 灯
□充电系统灯	□动力系统故障灯	□电机故障灯	□主警告指示灯
□动力蓄电池故障灯	□发动机冷却液报警灯	□电机冷却液报警灯	
空　调:□不制冷	□异响	□有异味	□出风冷热不均
漏　水:□冷却液	□车身	□天窗	□前风窗玻璃
□后风窗玻璃			
漏　油:□发动机	□变速器	□制动	□转向
事　故:□保险事故整形油漆	□局部整形补漆		
具体描述(5W2H):			

续上表

物品确认 (有打√,无打×)	□备胎　□随车工具　□灭火器　□点烟器　□警示牌　□充电线 □其他_____	油量 F E 电量 ___%
环车检查	内饰检查□　　　　　　　外观检查□  检查结果:良好打√　　异常打×	
服务顾问提醒	1.维修旧件(非索赔件)处理:□顾客要求带走　　□顾客选择不带走 2.维修后洗车：　　　□洗车　　　　　□不洗车 3.维修后充电：　　　□充电　　　　　□不充电 　　　　　　　　　　□预估充电用时_____ 4.已提醒您将车内贵重物品带离车辆并妥善保管。□已确认 服务顾问_____　　　　　顾客签字_____	
服务/技术顾问 初步建议	签名:_____	

维修班组 诊断结果	维修项目	所需备件	备件确认	索赔确认
			□有□无	□是□否
			□有□无	□是□否
			□有□无	□是□否

三　决策

故障信息

（1）连接故障诊断仪 VW VAS 6150E,按下一键启动开关,打开故障诊断仪,进入数据总线诊断接口,读取并记录相关故障码与数据流。车辆下电后清除故障码,车辆再次上电后,使用故障诊断仪再次读取故障码并和之前的故障码进行对比,分析故障码的性质。

故障码	故障含义
U112100	数据总线丢失信息
U10A900	底盘数据总线有故障

续上表

数据流	数据流相应参数

（2）查阅维修手册或维修资料，并在下方图框处画出大众 ID.4 驱动 CAN、舒适 CAN、诊断口总线、底盘 CAN、驾驶员信息 CAN、通信系统 CAN 等系统的电路图。

（3）根据电路图分析大众 ID.4 CAN 线系统无法通信的故障原因，讨论并完成下面的故障分析图（思维导图）。

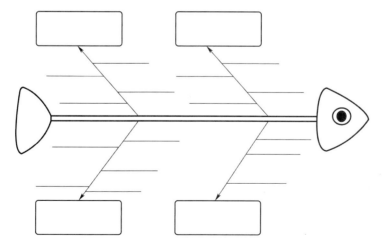

（4）通过查阅维修手册，结合故障分析，以第一路底盘 CAN 为例，编制底盘 CAN 线系统无法通信故障的诊断实施方案。

新能源汽车电器故障诊断与排除

诊断步骤

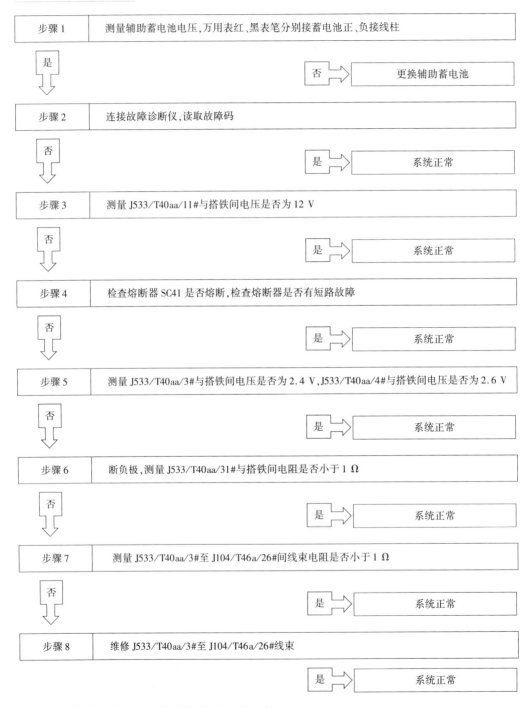

(1) 确认底盘 CAN 线系统是否正常工作。
(2) 确认修理完成。

新能源汽车车载网络无法通信故障诊断与排除 | 学习任务五

 人员安排 >>>

请小组商量后,决定每个小组成员的角色及任务分工。

班级		组号		指导教师	
组长		角色及任务分工			
组员1		角色及任务分工			
组员2		角色及任务分工			
组员3		角色及任务分工			
组员4		角色及任务分工			
组员5		角色及任务分工			

 工具准备 >>>

请根据相应的故障诊断需求,列出所需的工具设备清单。

序号	工具及材料名称	单位	数量	备注
1	汽车防护套装(车内和车外)	套		
2	常用维修工具(视车型而定)	套		
3	实训车辆	台		
4	解码仪(视车型而定)	个		
5	元件	套		

注意事项 >>>

请根据操作条件及故障诊断的需求,列举出各工序的注意事项。

序号	维修工序内容	注意事项
1	查阅维修手册,读取故障信息,制订操作流程	
2	驱动CAN线系统线路检测	
3	元件、模块更换	
4	复检	

新能源汽车电器故障诊断与排除

四、实施

序号	操作示意图	操作方法	备注
1		测量辅助蓄电池电压,万用表红、黑表笔分别接蓄电池正、负接线柱	电压标准值为11~14 V
2		连接故障诊断仪,读取故障码	确认故障信息
3		测量 J533/T40aa/11#与搭铁间电压	电压标准值为11~14 V
4		测量 J533/T40aa/3#与搭铁间电压	电压标准值为2.4 V 左右

续上表

序号	操作示意图	操作方法	备注
5		测量 J533/T40aa/4#与搭铁间电压	电压标准值为2.6 V左右
6		测量 J533/T40aa/31#与搭铁间电阻	电阻应小于1 Ω
7		测量 J533/T40aa/3#至 J104/T46a/26#间线束电阻	电阻应小于1 Ω
8		维修 J533/T40aa/3#与 J104/T46a/26#间线束电阻	电阻应小于1 Ω

五、检查

用故障诊断仪 VW VAS 6150E 读取故障码,根据诊断仪读出故障类型。
(1)关闭点火开关。
(2)将故障诊断仪连接到汽车故障诊断接口(U31)。
(3)按照诊断仪上的提示读出故障码(DTC)。
(4)清除故障码。
(5)再次读取故障码(根据是否依然存在故障码,在相应的横线上画√)。
是_____ 否_____
(6)验证 CAN 线系统是否正常工作。
(7)整理,恢复作业场地。

六、评估

活动总结

(一)请根据工作过程填写大众 ID.4 纯电动汽车 CAN 线系统无法通信故障诊断与排除任务工单

CAN 线系统无法通信故障诊断与排除任务工单		班级:	
		姓名:	
1. 车辆信息记录			
品牌		整车型号		生产年月	
驱动电机型号		动力蓄电池电量		行驶里程	
车辆识别代号					
2. 作业场地准备			
是否设置隔离栏		□是 □否	
是否设置安全警示牌		□是 □否	
灭火器压力是否正常,灭火器是否在有效期内		□是 □否	
是否安装车辆挡块		□是 □否	
3. 记录故障现象			

续上表

4. 使用故障诊断仪读取故障码、数据流					
故障码					
数据流					

5. 绘制相关电路图

6. 故障检测

检测对象	检测条件	检测值	标准值	结果判断

7. 故障确认

故障点	故障类型	维修措施

8. 竣工检验

CAN 线系统是否正常工作	□是 □否

9. 作业场地恢复

是否拆卸车内三件套	□是 □否
是否拆卸翼子板布	□是 □否
是否将高压警示牌等放至原位置	□是 □否
是否清洁、整理场地	□是 □否

（二）请根据工作过程撰写大众ID.4纯电动汽车CAN线系统无法通信故障诊断与排除技术总结

大众ID.4纯电动汽车CAN线系统无法通信故障诊断与排除技术总结
1. 故障现象
2. 故障原因
3. 故障基本检查过程
4. 经验和不足

活动评价

根据学习过程评价表进行自评、互评、教师评价。

CAN线系统无法通信故障诊断与排除		实习日期：	
姓名：	班级：	学号：	教师签名：
自评：□熟练　□不熟练	互评：□熟练　□不熟练	师评：□合格　□不合格	
日期：	日期：	日期：	
CAN线系统无法通信故障诊断与排除【评分细则】						
序号	评分项	得分条件	得分	评分要求	自评	互评	师评
1	安全/8S/态度	□1）能进行工位8S操作 □2）能进行设备和工具安全检查 □3）能进行车辆安全防护操作 □4）能进行工具清洁、校准、存放操作 □5）能进行三不落地操作		满分15分，每未完成1项扣3分	□熟练 □不熟练	□熟练 □不熟练	□合格 □不合格

续上表

序号	评分项	得分条件	得分	评分要求	自评	互评	师评
2	专业技能能力	□1）能正确地读取CAN线系统数据信息 □2）能正确地拆装CAN线系统模块 □3）能正确地检测CAN线系统线路及元件		满分50分，每未完成1项扣5分	□熟练 □不熟练	□熟练 □不熟练	□合格 □不合格
3	工具及设备的使用能力	□能正确地使用维修工具		满分10分，每未完成1项扣3分	□熟练 □不熟练	□熟练 □不熟练	□合格 □不合格
4	资料、信息查询能力	□1）能正确地使用维修手册查询资料 □2）能正确地记录所需维修信息		满分10分，每未完成1项扣3分	□熟练 □不熟练	□熟练 □不熟练	□合格 □不合格
5	数据判断和分析能力	□1）能判断元件本身的好坏 □2）能判断线束的好坏		满分10分，每未完成1项扣3分	□熟练 □不熟练	□熟练 □不熟练	□合格 □不合格
6	表单填写和报告撰写的能力	□1）字迹清晰 □2）语句通顺 □3）无错别字 □4）无涂改 □5）无抄袭		满分5分，每未完成1项扣1分	□熟练 □不熟练	□熟练 □不熟练	□合格 □不合格
总分：							

学习活动测评

一、填空题

1. CAN是一种通过标准集成电路实现的具有高可靠性的_____通信协议。它是为串行通信提供位定时、帧格式、_____、_____、确认和错误检测的通信协议。

2. CAN总线由_____、_____和终端电阻组成。

3. 车辆上的CAN数据传输线一般采用的是双绞线，分为_____和_____。

二、判断题

1. CAN-H对CAN-L的电阻值为60 Ω，此通信网络一定正常。（　　）

2. 电动汽车 CAN 受到干扰后,不会导致部分车载电器出现故障。（ ）
3. 电动汽车 CAN 通信网络采用屏蔽双绞线。（ ）
4. 新能源汽车 CAN 属于总线式串行通信网络,总线的高传输速率为 250kbit/s。
（ ）

三、简答题

简述大众 ID.4 CAN 线系统工作原理。

___

___

学习活动 2　新能源汽车 LIN 线系统无法通信故障诊断与排除

一　资讯

情境描述

一辆大众 ID.4 纯电动汽车进厂维修,客户(由教师或学生扮演)反映车辆行驶时,雨刮无法正常工作。经确认故障现象后,初步判断为车载网络 LIN 线系统故障,需要对该故障进行诊断与排除。

学生接受大众 ID.4 纯电动汽车 LIN 线系统无法通信(玻璃刮水器无法工作)故障诊断与排除任务后,与客户充分沟通,在规定时间内进行工作任务确认,生成环检问诊单;通过查阅维修手册,结合故障分析,编制 LIN 线系统无法通信故障诊断任务实施方案,包括诊断步骤、时间及人员安排、所需工具、注意事项等;以独立或小组合作的方式,按照任务实施方案和作业流程,参照维修手册,准备工具、仪器设备、耗材物料,使用诊断设备和工具,对车辆玻璃刮水器的元件、控制线路及控制模块等实施数据检测、故障码读取、故障部位查找、故障点修复作业;自检合格后,填写任务工单并进行质量检验;同时,学生应在教师指导下总结任务实施过程,撰写任务实施指导书。学生在工作过程中要具有成本意识,遵守现场工作管理规范。

任务要求

请你根据任务情境描述,在规定的时间内,分别完成大众 ID.4 纯电动汽车 LIN 线系统无法通信(玻璃刮水器无法工作)故障诊断与排除的方案编制和故障的基本检查实施:

(1)请列出需要和车主沟通的内容;

(2)请完成车辆的目视检查,填写好环检问诊单;

(3)请查阅该车型的维修手册,查看大众 ID.4 纯电动汽车玻璃刮水器的电路图,列出可能的故障原因,并说明理由;

(4)请根据情境描述的故障现象,查阅维修手册等资料,制定一份尽可能详细的大众 ID.4 纯电动汽车 LIN 线系统无法通信(玻璃刮水器无法工作)故障诊断与排除的解决方案,并全面而细致地说明采取此方案的理由;

(5)请查阅维修手册,对车辆玻璃刮水器 LIN 线系统进行基本检查;

(6)请列出在汽车玻璃刮水器 LIN 线系统基本检查过程中需要注意的事项。

 **任务分组**

全班学生分成若干个学习小组,每小组 4~6 人。

班组长:负责任务布置,组员分工。

服务顾问:负责接待问诊,基本检查,故障现象确认。

配件管理员:负责耗材准备。

工具管理员:负责工具设备准备,维修资料查阅。

维修技师:负责实施维修操作。

车间主管:负责实施维修质量检验。

 计划

知识链接

LIN 总线系统属于车载网络系统的子总线系统,主要负责控制、管理不同的电子装置,同时通过网关与其他总线系统进行数据交流。目前 LIN 总线系统已成为车载网络应用最广泛的子总线系统。

1. LIN 总线的基本概念

LIN 是针对汽车分布式电子系统而定义的一种低成本的串行通信网络,是对 CAN 等其他汽车多路网络的一种补充,适用于对网络的带宽、性能或容错功能没有过高要求的应用。

2. LIN 总线的特点

LIN 结构比较简单,只有一根数据线,也只能用于传感器和执行器之间的简单数据传递。LIN 总线工作电压为 12 V;数据传输速率为 20 kbit/s;传输距离最长为 40 m;节点数一般不超过 16 个。LIN 总线上的控制单元是分主、从的,主控制单元与 CAN 总线连接,控制着 LIN 总线上的其他从控制单元。也就是说,只有主控制单元发送信息结束后,从控制单元才能进行数据信息的发送。LIN 总线被称为数据循环总线,是指数据信息不管有没有要求或是有没有变化,总是在总线上反复重新循环发送和传递,以利于传感器和执行器在任意时刻都可以接收总线上的数据信息。

3. LIN 总线系统的组成与功能

LIN 总线系统由三个部分组成,包括:LIN 上级控制单元,即 LIN 主控制单元;LIN 从属控制单元,即 LIN 从控制单元;单根 LIN 导线。如图 5-16 所示。

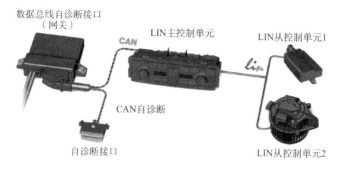

图 5-16　LIN 总线系统组成

1) LIN 主控制单元功能

LIN 主控制单元连接在 CAN 数据总线上,既可以执行主任务,也可以执行从任务,具体有以下功能:

(1) 监控数据传输过程和数据传输速率,发送信息标题。

(2) LIN 主控制单元的软件内已经设定了一个周期,该周期用于决定何时将哪些信息发送到 LIN 数据总线上多少次。

(3) LIN 主控制单元在 LIN 数据总线系统与 CAN 总线之间起"翻译"作用,它是 LIN 总线系统中唯一与 CAN 数据总线相连的控制单元。

(4) 通过 LIN 主控制单元进行与之相连的 LIN 从控制单元的自诊断。

(5) 监控和启动休眠模式。

(6) 同步各个 LIN 总线从控制单元。

2) LIN 从控制单元功能

在 LIN 数据总线系统内,LIN 从控制单元的通信受到 LIN 主控制单元的完全控制,只有在 LIN 主控制单元发出命令的情况下,LIN 从控制单元才能通过 LIN 总线进行数据传输。

单个控制单元、传感器、执行元件都相当于 LIN 从控制单元,其中,传感器是信号输入装置,其内部集成有一个电控装置,它对测量值进行分析,分析后的数值是作为数字信号通过 LIN 总线进行传输的。有的传感器或执行元件只需要用 LIN 主控制单元插口上的一个端子,就可以实现信息传输,也就是单线传输。

4. LIN 总线数据传输原理

LIN 总线驱动器物理结构如图 5-17 所示。LIN 主控制单元内部配置 1 kΩ 的电阻,用来保护电路,避免其被大电流损坏,电阻一端通过二极管(二极管的作用是防止电源电压过低时,LIN 总线负荷过载)连接 12 V 电源,另一端通过晶体管搭铁,其中晶体管由控制单元内控制器(CPU)来控制其是否导通,而 LIN 总线驱动节点位于电阻与晶体管之间。从控制单元驱动器物理结构与主控制单元相似,但电阻设置增大到 30 kΩ。

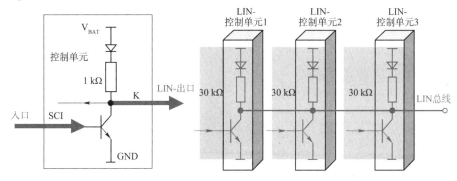

图 5-17　LIN 总线驱动器物理结构

各控制单元通过蓄电池正极端接电阻向总线供电,同时每个控制单元都可以驱动其控制器(CPU)控制晶体管的导通,拉低 LIN 总线电压,换而言之,晶体管导通时 LIN 总线电压为 0 V(由于电子元件内部结构原因,实际测量电压并不为 0 V),晶体管不导通时 LIN 总线电压为蓄电池电压。

(1)隐性电平。如果所有节点都没有驱动收发器晶体管导通,电压接近于蓄电池供电电压的隐形值,为隐性电平,表示逻辑"1"。

(2)显性电平。当有节点需要向外发送信息时,发送控制单元内的收发器驱动晶体管导通,将 LIN 数据总线导线接地,电压接近于地的电压的显性值,为显性电平,表示逻辑"0"。LIN 数据总线上显性、隐性电平如图 5-18 所示。

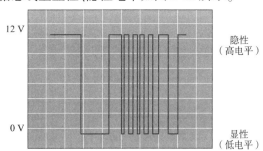

图 5-18　LIN 总线信号波形

这样控制单元在一时间内发送到 LIN 数据总线上的显性、隐性电平变化就可以表示成二进制的数字信号,实现数据信息的传递。例如:"显、隐、隐、显、显、隐"就可表示成"011001"。

5. LIN 总线常见故障诊断与故障信号波形分析

LIN 总线系统进行自诊断时,需使用 LIN 主控制单元的地址码。自诊断数据经 LIN 总线由 LIN 从控制单元传至 LIN 主控制单元。在 LIN 从控制单元上可以完成所有的自诊断功能。

(1) LIN 总线短路。

LIN 总线短路常见 LIN 线短路故障为 LIN 总线对电源正极或负极短路。无论是在 LIN 导线上发生短路,还是在主、从控制单元中的某个控制单元或在其之间发生短路;无论是对负极短路还是对正极短路,LIN 总线系统都会关闭,无法正常工作,并且无法再与从控制单元进行通信,相当于全局故障,涉及整个 LIN 总线,如图 5-19 所示。

图 5-19　LIN 总线短路

LIN 总线与电源正极发生短路故障后,信号波形呈现一条直线,电压幅值与电源电压一致,如图 5-20 所示。LIN 总线与电源负极发生短路故障后,信号波形呈现一条直线,电压幅值大约为 0 V,如图 5-21 所示。

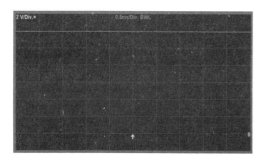

图 5-20　LIN 总线对电源正极短路波形　　图 5-21　LIN 总线对电源负极短路波形

(2) LIN 总线断路。

如果 LIN 总线在位置 1 处发生导线断路,则无法再与两个从控制单元进行通信,这是全局故障,涉及整个 LIN 总线。如果在位置 2 或位置 3 处发生导线断路,则只是无法与相应的从控制单元进行通信,即 LIN 总线位置 2 处断路时,从控制单元 1 将不能正常工作,而其他主、从控制单元仍正常工作。LIN 总线位置 3 处断路时,从控制单元 2 不能正常工作,而其他主、从控制单元仍正常工作。那么根据 LIN 总线发生故障时其功能的丧失情况,结合 LIN 总线控制关系并参阅电路图,就可以判断出发生断路故障的大概位置。如图 5-22 所示。

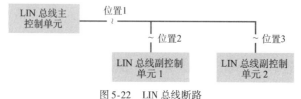

图 5-22　LIN 总线断路

LIN 总线发生断路故障一般不会影响主控制单元的输出信号波形，但 LIN 总线的从控制单元信号波形会受到影响。LIN 总线从控制单元故障信号波形如图 5-23 所示。从图中可以看出，当某一部分 LIN 总线电路发生断路故障后，相关的控制单元会出现故障信号波形，信号波形电压幅值为高电位，且呈现为上下略微波动的直线波形。

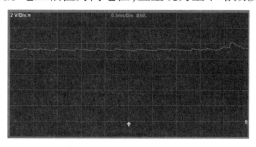

图 5-23　LIN 总线从控制单元故障波形

（3）LIN 总线虚接故障。

LIN 总线的虚接分为 LIN 总线对电源正极或负极虚接，但由于 LIN 总线信号抗干扰设置，虚接的程度会影响 LIN 总线系统的工作状况，有时会出现存在虚接故障但车辆并没有明显故障现象的情况。

（4）LIN 总线虚接故障信号波形分析。

LIN 总线虚接的故障可以通过串入电阻来模拟，通过 300 Ω 电阻连接正极来模拟 LIN 总线对电源正极虚接的现象，然后利用示波器读取 LIN 总线对电源正极虚接故障信号波形，如图 5-24 所示。LIN 总线对电源正极存在虚接故障时，其信号波形的显性电压值上升，且相当于接入电阻值越大，信号波形的显性电压值上升幅度越大。

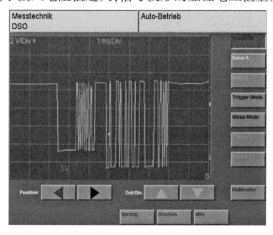

图 5-24　LIN 总线对电源正极虚接故障波形

6. 大众 ID.4 玻璃刮水控制电路

玻璃刮水器 CAN 总线和 LIN 总线的控制电路如图 5-25 所示，刮水器操纵信号控制流程如下：

（1）驾驶人将刮水器控制杆放到刮水器间歇位置。

(2)转向柱电子装置 J527 读取刮水器控制杆的实际位置信息。

(3)转向柱电子装置 J527 经由舒适 CAN 总线向供电 J519 单元发送此信息。

(4)供电 J519 通过 LIN 总线向刮水器电动机 J400 发出指令,运行间歇位置模式。

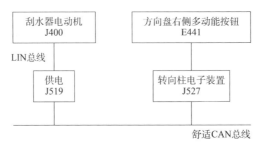

图 5-25 玻璃刮水器 CAN 总线和 LIN 总线的控制电路

图 5-26 中的 J519 是车载电网控制单元,其接收并处理方向盘右侧多功能按钮开关通过 LIN 总线传递的玻璃刮水器控制信号,并为相应的玻璃刮水器供电,控制玻璃刮水器工作。刮水器电动机上插接器中 T4af/4 针脚连接到 J519 插接器的 T46b/6 的针脚上;T4af/1 针脚连接供电线 SB10 熔断丝;T4af/2 针脚连接搭铁。

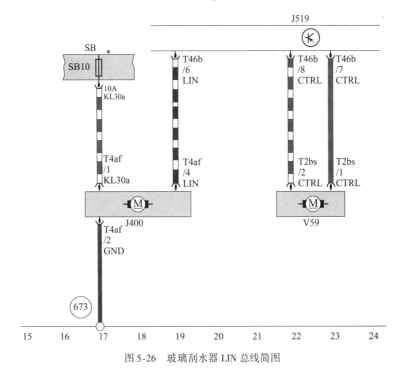

图 5-26 玻璃刮水器 LIN 总线简图

任务确认

1. 明确工作任务

(1)请认真阅读工作情境描述,用彩笔标记关键词,并用一句话总结你需要完成的任务及要求。

工作要求

（2）现需要与班组长进行沟通并确认车辆等相关信息，请你列出需要问的问题。

序号	问题
1	
2	
3	
4	
5	

2. 目视检查

（1）检查易于接触或能够看到的 LIN 线系统部件，以查明其是否有明显损坏或存在可能导致故障的情况。

（2）连接器接头和振动的支点是主要检查部位，如果是振动造成的故障，建议采用振动法。

①用手指轻轻振动可能有故障的部位，并检查是否出现故障。

②在垂直和水平方向轻轻摇动连接器。

③在垂直和水平方向轻轻摇动线束。

3. 故障现象确认

（1）打开点火开关，观察组合仪表，发现警告灯点亮。

（2）使用 VW VAS 6150E 诊断仪读取控制单元故障码，确认故障现象。

进一步确认故障现象为：_____。

4. 环检问诊单填写

请根据沟通内容、目视检查以及故障现象填写完成环检问诊单。

某店车辆环检问诊单

是否预约　是□　否□　车牌号_____　接车时间：　年　月　日　时　分

基本信息	车主□　送修人□	姓名		车型		购车日期	
		电话		备用电话		总里程	
		VIN码				EV里程	

| 顾客描述 | 维　护：□首次维护　　□强制维护　　□一般维护　　□常规维护
发动机：□难起动　　　□急速不稳　　□动力不足　　□油耗高
　　　　□易熄火　　　□抖动　　　　□加速不良
异　响：□发动机　　　□底盘　　　　□行驶　　　　□变速器
　　　　□制动　　　　□仪表台　　　□座椅或车门
灯　亮：□发动机故障灯　□SVS灯　　　□ABS灯　　　□空气囊灯
　　　　□机油压力报警灯□胎压报警灯　□EPS灯/REPS灯□ESP灯
　　　　□充电系统灯　□动力系统故障灯□电机故障灯　□主警告指示灯
　　　　□动力蓄电池故障灯　□发动机冷却液报警灯　□电机冷却液报警灯
空　调：□不制冷　　　□异响　　　　□有异味　　　□出风冷热不均
漏　水：□冷却液　　　□车身　　　　□天窗　　　　□前风窗玻璃
　　　　□后风窗玻璃
漏　油：□发动机　　　□变速器　　　□制动　　　　□转向
事　故：□保险事故整形油漆　□局部整形补漆
具体描述(5W2H)： |

| 物品确认
(有打√,无打×) | □备胎　□随车工具　□灭火器　□点烟器　□警示牌　□充电线
□其他_____ |

| 环车检查 | 内饰检查□　　　　　外观检查□

检查结果：良好打√　　异常打× | 油量

电量
____% |

| 服务顾问提醒 | 1. 维修旧件(非索赔件)处理：□顾客要求带走　□顾客选择不带走
2. 维修后洗车：　　□洗车　　　□不洗车
3. 维修后充电：　　□充电　　　□不充电
　　　　　　　　　□预估充电用时_____
4. 已提醒您将车内贵重物品带离车辆并妥善保管。□已确认
服务顾问　　　　　　　　　　　　　　顾客签字 |

| 服务/技术顾问
初步建议 | 签名： |

维修班组 诊断结果	维修项目	所需备件	备件确认	索赔确认
			□有□无	□是□否
			□有□无	□是□否
			□有□无	□是□否

三 决策

故障信息

(1)连接故障诊断仪 VW VAS 6150E,按下一键启动开关,打开故障诊断仪,进入数据总线诊断接口,读取并记录相关故障码与数据流。车辆下电后清除故障码,车辆再次上电后,使用故障诊断仪再次读取故障码并和之前的故障码进行对比,分析故障码的性质。

故障码	故障含义
U10A300	刮水器电机控制单元无通信
数据流	数据流相应参数

(2)查阅维修手册或维修资料,并在下方图框处画出大众 ID.4 玻璃刮水控制系统的电路图。

(3)根据电路图分析大众 ID.4LIN 线系统无法通信(玻璃刮水器无法工作)的故障原因,讨论并完成下面的故障分析图(思维导图)。

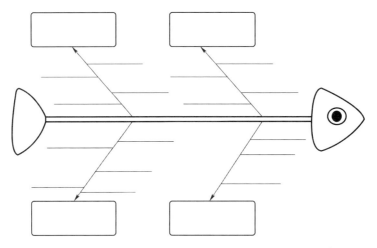

(4)通过查阅维修手册,结合故障分析,编制 LIN 线系统无法通信(玻璃刮水器无法工作)故障的诊断实施方案。

诊断步骤

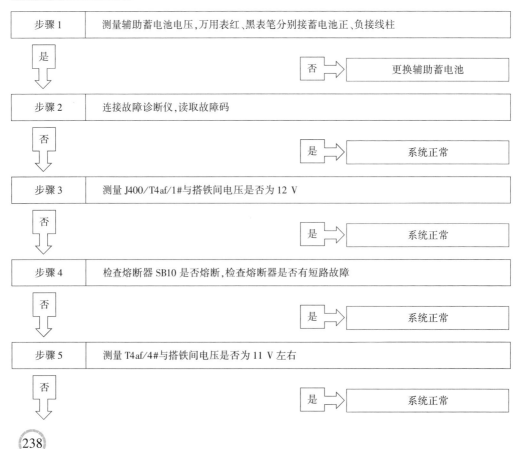

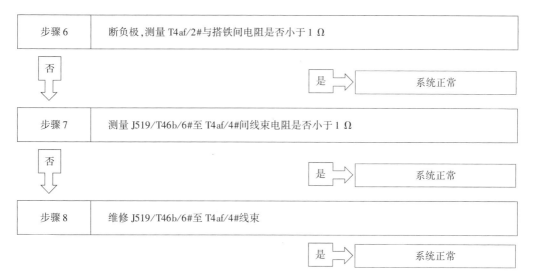

（1）确认玻璃刮水器是否正常工作。
（2）确认修理完成。

人员安排

请小组商量后，决定每个小组成员的角色及任务分工。

班级		组号		指导教师	
组长		角色及任务分工			
组员1		角色及任务分工			
组员2		角色及任务分工			
组员3		角色及任务分工			
组员4		角色及任务分工			
组员5		角色及任务分工			

工具准备

请根据相应的故障诊断需求，列出所需的工具设备清单。

序号	工具及材料名称	单位	数量	备注
1	汽车防护套装（车内和车外）	套		
2	常用维修工具（视车型而定）	套		

续上表

序号	工具及材料名称	单位	数量	备注
3	实训车辆	台		
4	解码仪(视车型而定)	个		
5	元件	套		

注意事项

请根据操作条件及故障诊断的需求,列举出各工序的注意事项。

序号	维修工序内容	注意事项
1	查阅维修手册,读取故障信息,制订操作流程	
2	玻璃刮水控制系统线路检测	
3	元件、模块更换	
4	复检	

四、实施

序号	操作示意图	操作方法	备注
1		测量辅助蓄电池电压,万用表红、黑表笔分别接蓄电池正、负接线柱	电压标准值为11～14 V
2		连接故障诊断仪,读取故障码	确认故障信息

续上表

序号	操作示意图	操作方法	备注
2			
3		在断开 J400 插头后,接通电源(位于 ON 挡),测量 J400/T4af/1#与搭铁间电压	电压标准值为 11~14 V
4		接通电源(位于 ON 挡),测量 T4af/4#与搭铁间电压	电压标准值为 11 V 左右

续上表

序号	操作示意图	操作方法	备注
5		断开电源(位于OFF挡),断开负极,测量 J400/T4af/2 # 与搭铁间电阻	电阻应小于1Ω
6		断开电源(位于OFF挡),测量 J519/T46b/6# 至 T4af/4 # 间线束电阻	电阻应小于1Ω
7		维修 J519/T46b/6# 至 T4af/4#线束	电阻应小于1Ω

五 检查

用故障诊断仪 VW VAS 6150E 读取故障码,根据诊断仪读出故障类型。

(1)关闭点火开关。
(2)将故障诊断仪连接到汽车故障诊断接口(U31)。
(3)按照诊断仪上的提示读出故障码(DTC)。
(4)清除故障码。
(5)再次读取故障码(根据是否依然存在故障码,在相应的横线上画√)。
是_____ 否_____
(6)验证玻璃刮水器是否正常工作。
(7)整理,恢复作业场地。

六、评估

活动总结

(一)请根据工作过程填写大众 ID.4 纯电动汽车 LIN 线系统无法通信(玻璃刮水器无法工作)故障诊断与排除任务工单

LIN 线系统无法通信(玻璃刮水器无法工作)故障诊断与排除任务工单		班级:	
^		姓名:	
1. 车辆信息记录			
品牌		整车型号		生产年月	
驱动电机型号		动力蓄电池电量		行驶里程	
车辆识别代号					
2. 作业场地准备			
是否设置隔离栏			□是	□否
是否设置安全警示牌			□是	□否
灭火器压力是否正常,灭火器是否在有效期内			□是	□否
是否安装车辆挡块			□是	□否
3. 记录故障现象			

续上表

4.使用故障诊断仪读取故障码、数据流					
故障码					
数据流					

5.绘制相关电路图

6.故障检测

检测对象	检测条件	检测值	标准值	结果判断

7.故障确认

故障点	故障类型	维修措施

8.竣工检验

LIN系统是否正常工作	□是 □否

9.作业场地恢复

是否拆卸车内三件套	□是 □否
是否拆卸翼子板布	□是 □否
是否将高压警示牌等放至原位置	□是 □否
是否清洁、整理场地	□是 □否

(二)请根据工作过程撰写大众 ID.4 纯电动汽车 LIN 线系统无法通信(玻璃刮水器无法工作)故障诊断与排除技术总结

大众 ID.4 纯电动汽车 LIN 线系统无法通信故障(玻璃刮水器无法工作)诊断与排除技术总结
1. 故障现象
2. 故障原因
3. 故障基本检查过程
4. 经验和不足

活动评价

根据学习过程评价表进行自评、互评、教师评价。

LIN 线系统无法通信(玻璃刮水器无法工作)故障诊断与排除			实习日期:			
姓名:		班级:		学号:		教师签名:
自评:□熟练 □不熟练		互评:□熟练 □不熟练		师评:□合格 □不合格		
日期:		日期:		日期:		
LIN 线系统无法通信(玻璃刮水器无法工作)故障诊断与排除【评分细则】						
序号	评分项	得分条件	得分	评分要求	自评	互评	师评
1	安全/8S/态度	□1)能进行工位 8S 操作 □2)能进行设备和工具安全检查 □3)能进行车辆安全防护操作 □4)能进行工具清洁、校准、存放操作 □5)能进行三不落地操作		满分 15 分,每未完成 1 项扣 3 分	□熟练 □不熟练	□熟练 □不熟练	□合格 □不合格

续上表

序号	评分项	得分条件	得分	评分要求	自评	互评	师评
2	专业技能能力	□1）能正确地读取 LIN 线系统数据信息 □2）能正确地拆装玻璃刮水器系统模块 □3）能正确地检测玻璃刮水器线路及元件		满分 50 分，每未完成 1 项扣 5 分	□熟练 □不熟练	□熟练 □不熟练	□合格 □不合格
3	工具及设备的使用能力	□能正确地使用维修工具		满分 10 分，每未完成 1 项扣 3 分	□熟练 □不熟练	□熟练 □不熟练	□合格 □不合格
4	资料、信息查询能力	□1）能正确地使用维修手册查询资料 □2）能正确地记录所需维修信息		满分 10 分，每未完成 1 项扣 3 分	□熟练 □不熟练	□熟练 □不熟练	□合格 □不合格
5	数据判断和分析能力	□1）能判断元件本身的好坏 □2）能判断线束的好坏		满分 10 分，每未完成 1 项扣 3 分	□熟练 □不熟练	□熟练 □不熟练	□合格 □不合格
6	表单填写和报告撰写的能力	□1）字迹清晰 □2）语句通顺 □3）无错别字 □4）无涂改 □5）无抄袭		满分 5 分，每未完成 1 项扣 1 分	□熟练 □不熟练	□熟练 □不熟练	□合格 □不合格

总分：

学习活动测评

一、填空题

1. LIN 是针对_____式电子系统而定义的一种低成本的_____，是对 CAN 等其他汽车多路网络的一种补充，适用于对网络的_____、性能或容错功能没有过高要求的应用。

2. LIN 结构比较简单，只有_____，也只能用于传感器和执行器之间的简单数据传递。LIN 总线工作电压为_____；数据传输速率为_____；传输距离最长为_____；节点数一般不超过_____个。

3. 在 LIN 数据总线系统内，LIN 从控制单元的_____受到 LIN _____单元的完全控制，只有在 LIN 主控制单元发出_____的情况下，LIN 从控制单元才能通过 LIN 总线进行_____传输。

二、判断题

1. LIN 结构比较简单，只有一根数据线，也只能用于传感器和执行器之间的简单数据传递。（   ）

2. LIN 总线系统由三个部分组成，包括 LIN 主控制单元、LIN 从控制单元、单根 LIN 导线。（   ）

三、简答题

简述大众 ID.4 汽车 LIN 线系统常见故障。

本教材配套数字资源列表

序号	资源名称	资源类型	所在页码
1	纯电动汽车灯光系统组成	动画	3
2	仪表盘组成	动画	56
3	中控门锁组成	动画	98
4	汽车音响组成	动画	140
5	汽车音响工作原理	动画	140
6	安全气囊系统组成	动画	162
7	安全带功能	动画	184

参考文献

[1] 董大伟. 新能源汽车电气系统检修[M]. 北京:机械工业出版社,2023.
[2] 姚斌. 新能源汽车概论[M]. 沈阳:东北大学出版社,2021.
[3] 邢海波. 汽车车载网络及总线技术[M]北京:机械工业出版社,2023.
[4] 宋广辉,张凤娇,苏忆. 新能源汽车电气技术[M]北京:机械工业出版社,2023.
[5] 陈小兵,石启军. 新能源汽车技术[M]. 2版. 北京:航空工业出版社,2021.
[6] 吴书龙,黄维娜. 新能源汽车电力电子技术[M]. 2版. 北京:机械工业出版社,2022.